Al fin y al cabo

A Follow-up to the "De cabo a rabo" Series

Relatos y análisis

David Faulkner

illustrations by Kárloz Miqueloff
instagram.com/karloz_i.d
behance.net/KARLOZ_ID

Flashforward
Publishing

Al fin y al cabo: Relatos y análisis

A Follow-up to the "*De cabo a rabo*" Series

Published by Flashforward Publishing

Boulder, CO

ISBN: 978-1-953825-06-3 (softcover)

FOREIGN LANGUAGE STUDY / Spanish

QUANTITY PURCHASES: Schools, companies, professional groups, clubs, and other organizations may qualify for special terms when ordering quantities of this title.
For information, please contact the author through DavidFaulknerBooks.com.

Flashforward Publishing

Querid@ estudiante,

As with the entire *De cabo a rabo* ("from beginning to end") series (*Gramática*, *Vocabulario*, *Actividades* and *Lectura*) and all the additional resources like crossword puzzles, vocabulary quizzes, comprehensive unit exams, and so much more, I wrote the *Al fin y al cabo* series (*Actividades* and *Relatos y análisis*) to meet the ongoing needs of my own personal students. As my students reached the end of *Unidad 30* in *De cabo a rabo*, all of them were convinced that they needed to go back and do it all over again. While I entertained this for a time, I also encouraged them to branch out and seek out other resources. I had my favorite recommendations and most of my students gave them a fair shot, but what they really wanted was more practice with my style of teaching, my style of activities, and that's how we got here. *Al fin y al cabo* ("when it was all said and done") is my answer to those requests. No matter how much you learn, there is always a next step. Now we can take that step together.

All the university professors, charter and private schools, private language institutes, independent tutors, and self-taught students all over the world who have supported my writing and entrusted their classes and their learning to my curriculum since 2017 now have an advanced course that piggybacks off of the curriculum style they already know and love.

I know my limitations, as I know the limitations of any one source of information, and this is why, no matter how much you invest in my curriculum, I know you will benefit greatly by actively seeking out as much authentic reading and audio input as you can get your eyes and ears on: books, newspapers, magazines, websites, movies, music, TV, friends, neighbors, and strangers. The world is your classroom! With that, I wish you good luck on your continued journey exploring the Spanish language, and remember: if you're not having fun, you're doing it wrong.

Un abrazo,

David

P.S. A special thank you: *Relatos y análisis* would not be the book it is today if it weren't for the beautifully talented Kárloz Miqueloff, whose artistic renderings of each "*relato*" have captured the essence of my words in ways I couldn't have dreamed of. Each illustration here is a product of his own inspiration as a reader, with no artistic guidance from me. His amazing talents and dedication to his craft inspire me to keep dedicating my talents to my craft. *Kárloz, de corazón, estaré eternamente agradecido por tu primor, por tu bondad y por todo lo que me has brindado.*

Índice

Alma

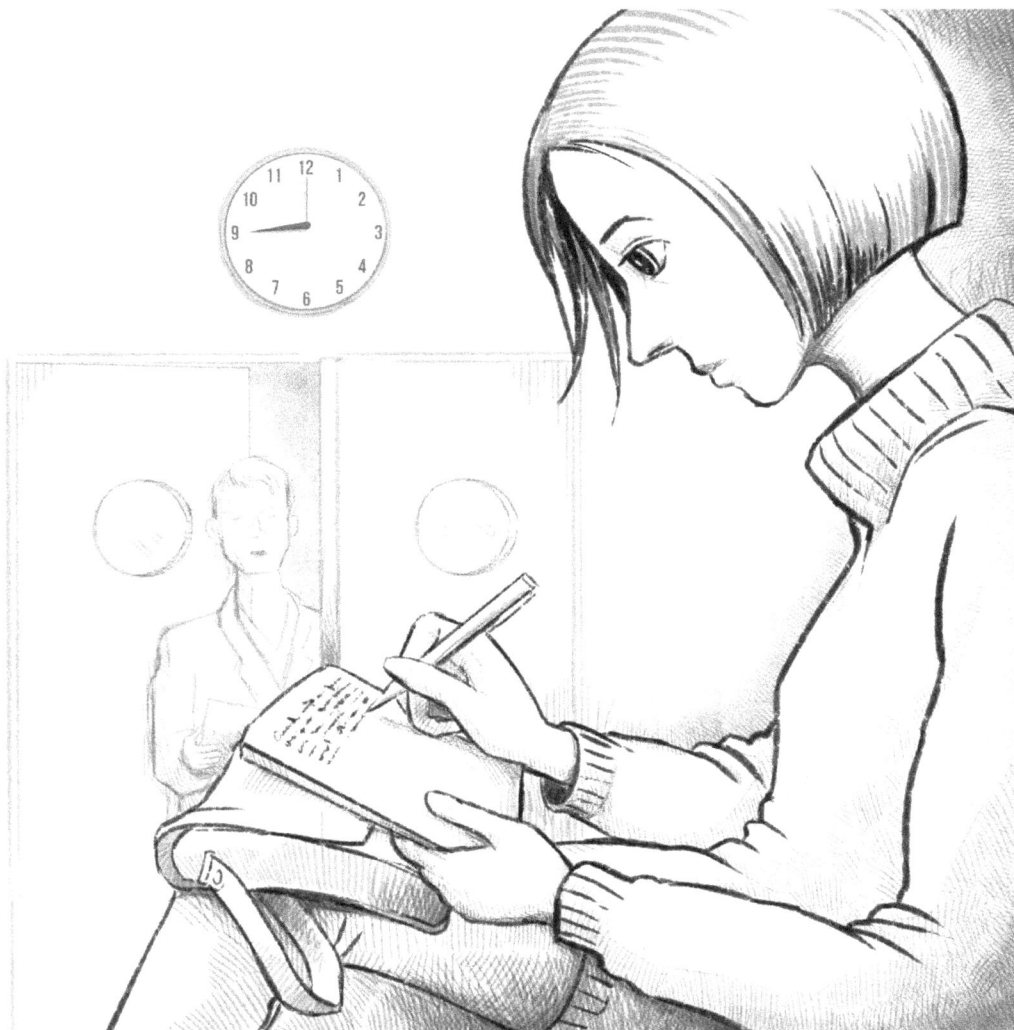

"Si no oigo nada pronto, temo volverme loca."

Alma

Querido diario:

No me lo puedo creer. Pensaba que mi papá era invencible, pero aquí estoy a las 9:00 de la mañana en la sala de espera del hospital, desesperada por saber algo de él. Se ha sometido a una cirugía cardíaca porque anoche sufrió un ataque al corazón. No fue la primera vez. Ya había sufrido uno antes. Tiene diabetes y ha fumado puros toda mi vida y la mayoría de la suya. Su cardióloga le había dicho **decenas** de veces que los dos eran factores de riesgo cardíaco y, como su propio papá (mi abuelo) murió de infarto de miocardio, mi papá debía cuidarse mucho la salud, controlando los factores que estaban bajo su control. Su cardióloga y su dietista le decían cada consulta que tenía que dejar de fumar y comer menos carbohidratos, en particular menos tortillas y menos azúcares, pero él siempre insistía en que estaba bien. Mi papá siempre ha sido muy obstinado y nunca les hizo caso a los profesionales. Tampoco le hacía caso a mi mamá cuando ella todavía estaba viva. Cuando a mi papá le diagnosticaron diabetes, ella trató de ayudarlo a cambiar su dieta y a dejar de fumar, pero nunca lo logró.

Como él se negaba a cambiar su rutina, mi mamá creía que debíamos mudarnos a la ciudad para estar más cerca del hospital, por si acaso. Es que yo crecí en una granja muy aislada de la sociedad. Teníamos un vecino, Benito, y lo llamábamos "Benny". Él vivía en una finca a dos kilómetros de nuestra casa y cuando iba a hacer el largo **recorrido** por la carretera a la ciudad, siempre pasaba por nuestra casa primero para checar si nosotros necesitábamos algo de alguna tienda. Cuando le diagnosticaron cáncer de seno a mi mamá, Benny empezó a pasar por nuestra casa más a menudo para ver si podía ayudarnos en algo. No había nadie más amable y generoso que Benny. Como mi mamá tenía que venir a este mismo hospital en la ciudad para recibir sus tratamientos de quimioterapia y radioterapia, ella quería vender la granja y mudarse a la ciudad. Mi papá siempre le decía que ella iba a sobrevivir al cáncer si teníamos fe en "Dios", pero los dos tenían diferentes creencias, así que las palabras de mi papá no la consolaban. Mi papá creía en "Dios", pero no en el dios de ninguna religión en particular, sino en un dios genérico que había inspirado las historias religiosas por todo el mundo. Creía que ese dios nos protegía a todos y controlaba todo, llevando a cabo un gran plan maestro para el universo. Por otra parte, mi mamá creía en "la Luz" como origen de toda materia, desde la cual todos veníamos al nacer y a la cual todos nos incorporábamos al fallecer. Mi mamá creía en concentrarse en el presente, en el hoy y el ahora, pero mi papá tendía a enfocarse en el porvenir, en el destino. Así que cuando mi mamá hablaba de mudarnos para hacer más fácil la situación, mi papá lo veía como una forma de darnos por vencidos. Mi papá se consideraba optimista, pero mi mamá no lo veía así. Ella pensaba que el dizque optimismo de mi papá era nada más una forma de negar la realidad. "Ya verás, reina", mi papá le decía. "Pronto podremos volver a nuestra rutina de la granja y no lamentarás haberte quedado". Resultó que eso no era cierto. Un día, cuando ella estaba aquí para un chequeo de seguimiento, le hablaron de llenar formularios como el testamento vital y la voluntad anticipada y fue en aquel momento cuando mi papá perdió su fe, dándose cuenta de que **se acercaba** el final.

Dos semanas más tarde, mi papá quedó **viudo** y cayó en depresión. Yo tenía dieciocho años y estaba a punto de graduarme de la preparatoria. Durante los meses siguientes, ayudé a mi papá como pude, pero yo no era psicóloga y tenía que luchar mi propia batalla contra la depresión tras perder a mi mamá. Creyendo que mi papá me necesitaba demasiado, yo pensaba demorar mi comienzo en la universidad, pero mi papá insistía en que yo no podía cambiar de **rumbo** solo por él. Al final llegamos a un acuerdo: yo iba a inscribirme en la universidad local aquel otoño que venía solo si él se comprometía conmigo a ver a un psicólogo cada semana para tratar de sanarse y seguir adelante. Cuatro años más tarde, cuando mi papá estaba de visita para mi graduación de la universidad, sufrió su primer ataque cardíaco. Por suerte, había ambulancias allí y los paramédicos entraron en acción en un dos por tres. Estando muy cerca del hospital, ellos pudieron **trasladar** a mi papá a la sala de emergencia en menos de cinco minutos. Después de todo, dijeron que mi papá había sobrevivido gracias a las rápidas acciones de todos los que estaban involucrados. Mi papá comprendía que era mejor para su salud física vender la granja y mudarse a la ciudad, pero para su salud emocional, no estaba convencido. Aunque tenía varias oportunidades, al final se negó a mudarse a la ciudad porque decía que la granja le recordaba mucho a mi mamá y no quería perder lo poco que quedaba de ella.

Desde entonces, me ha visitado cada vez que ha venido a la ciudad por sus chequeos médicos, y yo he tratado de visitarlo allí en la granja los fines de semana, pero no puedo cuidar de él constantemente. Cuando pienso en él, estando solo en la granja, me agüito, sabiendo que cualquier día puede ser su último. Gracias a Benny, mi papá no murió en el suelo donde cayó esta mañana. No sabemos a qué hora **se colapsó**, pero Benny lo encontró en el suelo enfrente de la casa a eso de las 5:30 y con la fuerza de un **bombero** joven, levantó a mi papá del suelo, lo metió en su troca y lo trajo aquí a toda velocidad.

Tengo mucho miedo de que mi papá fallezca esta mañana y que yo nunca vuelva a oír su voz. En situaciones en las que me encuentro sin poder ni fuerza, como esta, **no queda más remedio que** escribir en mi diario. Desde la muerte de mi mamá he visto a una psicóloga para que me ayude a procesar mis pensamientos y emociones y me ha ayudado a manejar el estrés y mis pensamientos negativos. Ella me dice que escriba en mi diario cada vez que me haga falta hablar con alguien sin que haya nadie con quien hablar. Nunca vuelvo a leer lo que he escrito, pero, mientras que mis amigos prefieren perderse en películas o libros para escaparse de sus problemas, yo prefiero estar íntimamente conectada conmigo misma. Me pregunto, ¿para qué estarán los demás que están esperando aquí en esta sala de espera? Hay una pareja viejita sentada bien quieta en puro silencio. ¿Qué les estará pasando a ellos? Hay unos cuantos niños en cuclillas que parecen ser hermanos mirando algún dibujo animado en la tele sin sonido. ¿Estarán esperando a su padre o abuela? ¿Son capaces de comprender lo grave que puede ser la situación? ¿Volverán a su casa acompañados de menos gente de la que vino con ellos? ¿Con más? ¿Estarán esperando a un recién nacido, un hermanito nuevo? Hay unos cuantos caminando **inquietos** por los pasillos, quizá porque no aguantan **permanecer** sentaditos puesta la situación en la que se encuentran. ¿Tendrán miedo? Si es así, ¿de qué? Cada vez que entra un médico o asociado médico, es obvio que todos **aguantamos el aliento en espera de** buenas noticias, temiendo las malas. Cuando entra y pronuncia el nombre de alguien, dicha persona se levanta y sale, y los demás **suspiramos** en voz alta. El cirujano tiene la vida de mi papá en sus manos y, con ella, el corazón mío. Espero que todo salga bien. Tiene que salir bien. Si no oigo nada pronto, temo volverme loca. Tengo que seguir escribiendo. Sigue, sigue, sigue escribiendo, Alma, y no pares hasta que te llamen. Hasta que...

– ¿Alma?

– ¿Sí?

Vocabulario – "Alma"

decenas – *tens* (like *"dozens"*) **el recorrido** – *trip / route* **acercarse** – *to approach*
colapsarse – *to collapse* **el bombero** – *firefighter* **el viudo** – *widower*
trasladar – *to transport* **permanecer** – *to stay / remain* **suspirar** – *to sigh*
no queda más remedio que – *there's nothing left to do but* **el rumbo** – *direction*
aguantar el aliento – *to hold one's breath* **en espera de** – *hoping for / waiting for*

Comprensión – "Alma"

1. ¿Quién es Alma?
2. ¿Dónde está Alma específicamente?
3. ¿Qué está haciendo allí?
4. ¿Qué le ha sucedido a su papá?
5. ¿Qué le está pasando a su papá?
6. ¿Por qué no está su mamá con ella?
7. ¿Quién es "Benny"?
8. ¿A qué está esperando Alma?
9. ¿Qué espera Alma?

Análisis de contenido – "Alma"

1. Algunos creen que Alma ha hecho lo correcto en cuanto a mudarse a la ciudad, mientras que otros creen que se equivocó. Escoge uno de los argumentos y defiéndelo.
2. Algunos opinan que su papá no debería haberse quedado en la granja para así evitar la situación en la que se encuentra ahora, mientras que otros opinan que hizo lo que tenía que hacer. ¿Qué opinas tú? Defiende tu punto de vista.
3. Si su papá sobrevive a la cirugía, ¿qué sugieres que haga su papá?
4. Si su papá no sobrevive a la cirugía, ¿qué sugieres que haga Alma?
5. ¿Qué esperas que pase con Alma y su papá?
6. ¿En qué pensabas mientras leías esta historia? ¿Qué sentías?

Análisis de gramática – "Alma"

1. ¿Cuántos tiempos verbales diferentes se usan en este cuento? ¿Cuáles son?
2. A medida que Alma contempla las muchas razones diferentes por las cuales otra gente está esperando en la sala de espera, ¿para qué sirve el uso del "futuro"?

Autoexpresión – "Alma"

¿Te has sometido alguna vez a una cirugía? ¿Te has quebrado algún hueso? ¿Qué tal un familiar? Cuenta una historia sobre una experiencia que hayas tenido en el hospital o urgencias, aunque no fueras el/la paciente. Si no has tenido ninguna experiencia personal, inventa alguna historia.

Presagio

"Es una maldición ser reconocida por gente que ni siquiera conozco..."

Presagio

— ¿Itzel?

— Presente.

Los nervios de primer día del año escolar me tienen presa aun más de lo normal. He llegado a la Escuela Preparatoria Samaniego, una escuela privada **fundada** y nombrada por mi bisabuelo, y la presión familiar de **honrarlo**, más bien de no **deshonrarlo** ya que ha fallecido, me ha mantenido **desvelada** en las noches. Últimamente no hay conversación entre mi mamá y yo que no empiece por: "Cuando te gradúes de la prepa, Itzel…". ¿Y si no me gradúo…? Jamás le respondería así y no solo por la chancla que **arrojaría** hacia mí si me **atreviera** a decírselo. Es que, para mi familia, no existe nada más importante que la **honra** y me dan la impresión de que, sin ella, más vale que uno se muera.

— ¿Verdad, Itzel?

— ¿**Mande**?

— Que tu bisabuelo fundó esta escuela.

— Sí, señora.

Todos lo saben. Es una maldición ser reconocida por gente que ni siquiera conozco, por logros con los que no tuve nada que ver. La cruz que me toca cargar por los próximos cuatro años es la de no **desilusionar** a mi familia.

— Oye, Itzel, ¿qué horas son?

— Es hora de callarte, Andrés.

— *Tsk*, qué poca madre.

— Son las 10:30 y pon atención antes de que nos metas a los dos en broncas.

— ¿Andrés?

— Mande Ud.

Andrés y yo somos muy amigos desde la escuela primaria. Es un buen chico, bien fiable, pero nunca pone atención en clase y entretiene a quienquiera que lo deje. Si te habla en clase, es mejor hacerlo callar de una vez o te hallarás junto con él en la **dirección**, y según dicen, no quieres que el director nuevo tenga ninguna razón de hablarte. Qué vergüenza me daría tener que **rendirle cuentas** a mi mamá sobre mi comportamiento el primer día de escuela, especialmente por lo de Andrés. "Es una falta de respeto...", me diría. "Qué deshonra, tu bisabuelo estaría tan desilusionado...". La voz de mi mamá me persigue aun cuando no está. Oigo su perpetua regañina por no **dar la talla**. Para colmo, Andrés le cae muy gordo y no le gusta que yo mantenga amistad con él. Ni modo. Con quién ando es un aspecto de mi vida que ella no puede controlar, por mucho que lo intente.

El hecho de que Andrés y yo estemos juntos aquí es una verdadera novedad. Hace tan solo cinco años, no se permitía que las chicas asistiéramos a esta escuela. Cuando mi bisabuelo la fundó tantos años atrás, era otra época. Su visión era establecer una escuela privada en la que los muchachos pudieran hacerse hombres. ¿Su credo? "El pasar por alto la ofensa le trae honra al hombre, pero el no ofender le trae aún más". Era un proverbio bíblico que él mismo modificó a su manera. Con el paso del tiempo, le daba pena a mi bisabuelo que mi mamá no pudiera asistir a su escuela gracias a sus propias **normas**. En la época de mi mamá, aunque mi bisabuelo ya no formaba parte de la administración, él luchaba por dejar que las chicas asistieran, y aunque al final lo logró, mi mamá ya se había graduado de otra preparatoria. Así que es por eso que mi mamá siente tanto orgullo de que por fin yo haya llegado a asistir a esta escuela. "Cuando yo me gradúe de la prepa..." seré la primera mujer de mi familia en graduarse de la Escuela Preparatoria Samaniego, aunque mi bisabuelo no esté vivo para ser testigo.

— ¿Itzel?... ¿Itzel?... **¿Itzel?**

– Perdón, Lupe. Estaba bien pensativa.

– Se notaba. Pues despierta, ¿eh?, que ya sonó el timbre.

– Gracias, Lupe. Eres muy simpátique. ¿Qué clase te toca ahora?

– A ver… tengo álgebra. ¿Y tú, Itzel?

– Yo también. ¿Vamos juntos?

– Me encantaría.

Lupe es muy amable, muy honeste. No le conozco muy bien, pero le conocí el año pasado en la escuela secundaria y siempre me ha tratado muy bien. Elle no se identifica con ningún género, así que pide que le tratemos de género ambiguo, o sea de género neutro. Muchos **chavos** le preguntan si nació niño o niña, pero la **neta** es que no veo por qué les importa. Nunca le he preguntado yo misma y no es justo que elle tenga que responder ante tonterías así. Lo único que sé es que es une de mis amigues más sinceres. Lo interesante es que su nombre, Guadalupe, es típico para niños y para niñas. Bueno, ahora veo que también les queda perfecto a les niñes. Así que pudo haber sido un **presagio** que sus padres le pusieran ese nombre.

– ¿Itzel?

– Presente.

Vocabulario – "Presagio"

fundar – *to found*
arrojar – *to chuck / throw*
desilusionar – *to disappoint*
la neta – *the truth*
dar la talla – to measure up
¿Mande? – *I'm sorry, what did you say?*

honrar – *to honor*
atreverse a – *to dare to*
la dirección – *principal's office*
el presagio – *sign / omen*
rendir cuentas – *to account for*
Mande – *Tell me what you would like me to do*

deshonrar – *to dishonor*
la honra – *honor*
la norma – *norm / rule*
los chavos – *kids*
desvelado/a – *sleepless*

Comprensión – "Presagio"

1. ¿Quién es Itzel?
2. ¿Dónde está específicamente?
3. ¿Cómo está?
4. ¿Qué está haciendo?
5. ¿Quién es su bisabuelo?
6. ¿Quién es Andrés?
7. ¿Cómo es la mamá de Itzel?
8. ¿Qué importancia familiar tiene la graduación de Itzel?
9. ¿Quién es Lupe y cómo es?
10. ¿De quién es el presagio del título?

Análisis de contenido – "Presagio"

1. ¿A quién le narra Itzel este cuento?
2. ¿Qué piensas de la mamá de Itzel? ¿Confías en la descripción que le da Itzel? ¿Por qué sí o por qué no?
3. ¿Qué crees que su bisabuelo pensaría de Itzel si pudiera verla ahora? ¿Estaría orgulloso de ella o desilusionado?
4. ¿Qué piensas de Itzel? ¿Crees que es buena estudiante? ¿Qué piensas de sus amigues?

Análisis de gramática – "Presagio"

1. El morfema "-e" de género neutro se utiliza entre muchos jóvenes hoy en día para lograr un lenguaje más inclusivo y no solamente entre la comunidad LGBTTTIQ+. ¿Ves algún conflicto lingüístico en ello o te parece una buena solución al dilema?
2. Niño + niña = niños. Padre + madre = padres. ¿Qué resultaría al combinar el género neutro con masculino? ¿Neutro con femenino? Explora las posibilidades.

Autoexpresión – "Presagio"

¿Has tenido un presagio o presentimiento de algo alguna vez en tu vida? Narra la experiencia. Si no lo has experimentado personalmente, ¿qué tal une amigue o familiar? Si no, escribe una historia titulada "Presagio" y explora tu lado creativo.

Chilangos y paisas
ticos, boludos y boricuas

"No sé si exista pregunta alguna más poderosa, más profunda..."

Chilangos y paisas
ticos, boludos y boricuas

¿De dónde eres?

No sé si exista pregunta alguna más poderosa, más profunda en toda la lengua castellana. Con tan solo tres palabras, despiertas instantáneamente un orgullo en a quien le preguntes.

Si se lo preguntas a un latinoamericano y te dice que es de "México" y le preguntas "¿de qué parte?" y repite que es de "México", no te confundas. "México" se puede referir al país, al estado o a la capital: la Ciudad de México. Es como Nueva York (Nueva York). **Asimismo**, te puede decir que es de "Oaxaca" y aun no sabrás si quiere decir del estado o de la ciudad que lleva el mismo nombre. Lo seguro es que tu nuevo amigo estaría orgulloso de podértelo aclarar.

Ahora bien, imagínate que te dice, ante la **mismísima** pregunta, que es "chihuahuense" o "tabasqueño". No cabe duda de que entenderás que quiere decir que es de Chihuahua o de Tabasco. En cambio, ¿qué tal si te dice que es "chilango" o "tapatío"? ¿Entenderás que significa que es de la Ciudad de México o de la ciudad de Guadalajara, respectivamente? En eso cabe mucha duda, y **he allí** el problema. No es común que uno responda así, pero sí es común que alguien hable de otra persona así. "Ese **güey** es tapatío" o "son chilangos así que conocen bien el metro". Lamentablemente, a veces se usan estas palabras para faltarle el respeto a alguien o para burlarse uno del otro.

Las palabras anteriormente mencionadas son regionales y no sirven de uso universal. Si un mexicano dice entre otros mexicanos que alguien es "paisa", seguramente es un simple caso de **acortamiento** (como "bici" o "refri", etc.) y nomás quiere decir "paisano", o sea alguien del mismo país. En cambio, si un colombiano dice entre otros colombianos que alguien es "paisa", no quiere decir simplemente que sea del mismo país, sino que es del departamento de Antioquia o de sus alrededores y, en muchos casos, hace referencia a su forma de hablar. Dicho eso, fuera de Colombia, puede que "paisa" se refiera a cualquier colombiano. Así que no te debe extrañar que un chileno no tenga la menor idea de qué hablas si le dices que tu amigo es "chilango" o "paisa".

Tomando todo eso en cuenta, ¿de dónde crees que son los "ticos"? Utilizando tus mágicos poderes de intuición, ¿has **acertado** que son de Costa Rica? ¿No adivinas el **porqué**? Seguro que has acertado que es por emplear regularmente el sufijo diminutivo "-ico". ¿A que sí? "Tengo una pregunt<u>ico</u>". "Dame un moment<u>ico</u>". **A pesar de** ello, no creas que solo los ticos dicen "-ico". Juanes, **venerado** artista musical, por ejemplo, es "paisa" de Medellín (Antioquia, Colombia) y uno de sus álbumes más populares se llama *La vida es un ratico*. ¿Sería válido llamarlo "tico" por las mismas razones? Sugiero que no. Ahora bien, tampoco recomiendo que llames a los españoles "tillos" por su uso regular del sufijo diminutivo "-illo", aunque es cierto que los españoles dicen "tío" o "tía" a quienquiera que sea, aunque no sea de parentesco familiar.

Entre los muchos sinónimos de "estúpido" que existen (bobo, tonto, imbécil, tarado, idiota, menso, zonzo, gil, baboso, gilipollas, necio, mentecato, pendejo, etc.), ninguno de los cuales recomiendo que le digas a nadie, los argentinos dicen con frecuencia: "boludo". Por su **novedoso** uso de esta palabra regional, ¿te sorprende que alguna gente de otras partes de Latinoamérica les diga "boludos" a los argentinos? Aunque muchos argentinos no se ofendan, ¿no habrá un apodo **gentilicio** más **gentil**?

Entre todas las palabras gentilicias que se emplean por una razón u otra, no se me ocurre ninguna que inspire más orgullo que "boricua". La palabra puede describir a cualquier persona de ascendencia puertorriqueña o más específicamente a una persona nacida y criada en Puerto Rico. El término proviene de orígenes indígenas y es un **topónimo** que hace referencia a la actual isla de Puerto Rico. Aparte de sus orígenes morfológicos, lo más seguro…

— Hortensia, apaga esta telebasura. Este tipo es un pedante como todos los demás. Escúchalo: "Acortamiento, topónimo, ¿no habrá un apodo gentilicio más gentil?" Se cree taaaaan inteligente. Este tipo es un pseudointelectual que solo quiere escucharse hablar.

— ¿Qué quieres mirar pues, **apá**?

— ¿Qué tal el *show* donde ese payaso chilango se burla de todos los demás?

Vocabulario – "Chilangos y paisas; ticos, boludos y boricuas"

asismismo – *also*
el güey – *dude*
el porqué – *the reason why*
novedoso/a – *novel*
gentil – *gentle*
apá – *dad* (papá)

mismísimo/a – *(the) very same*
el acortamiento – *shortening*
a pesar de – *in spite of*
gentilicio/a – *pertaining to a specific people or country*
topónimo – *any proper noun for a geographical región*

he allí – *therein lies*
acertar – *to guess right*
venerado/a – *revered*

Comprensión – "Chilangos y paisas; ticos, boludos y boricuas"

1. ¿Cuál es el argumento principal?
2. ¿Qué tipo de palabras son "paisa", "chilango", "tico", etc.?
3. ¿Para qué sirven estas palabras?
4. ¿Qué opina el narrador de ellas?
5. ¿Quiénes hablan al final?
6. ¿Qué están haciendo?
7. ¿Qué opinan del narrador?
8. ¿Qué deciden hacer al final?

Análisis de contenido – "Chilangos y paisas; ticos, boludos y boricuas"

1. ¿De dónde eres?
2. ¿Qué sentiste cuando contestaste #1? ¿Orgullo, aburrimiento, vergüenza, nada?
3. ¿Conoces algunos nombres ofensivos para describir a cierta gente de cierta región geográfica de tu propio país? ¡No los digas ni los escribas! ¿A qué gente describen? ¿A veces los dices sin intentar ofender? ¿A veces los dices para ofender?

Análisis de gramática – "Chilangos y paisas; ticos, boludos y boricuas"

1. Existen "paisas" pero no "paisos". Existen "boricuas" pero no "boricuos". ¿Qué otras palabras sabes que describen a cierta gente sin que se tome en cuenta el género de quien se describe? Apuesto a que puedes nombrar por lo menos cinco, pero ¿qué tal diez? ¿Quince? ¿Más de quince?
2. Los acortamientos como "bici" (bicicleta), "refri" (refrigerador), "paisa" (paisano) son muy comunes entre todo el mundo de habla hispana. ¿Cuántos puedes nombrar en dos minutos? ¿En cinco minutos?

Autoexpresión – "Chilangos y paisas; ticos, boludos y boricuas"

¿Has oído decir alguna vez una palabra gentilicia cuya gente no pudieras identificar? ¿Qué fue y en qué contexto la oíste? ¿Qué opinas de estas palabras en general? ¿Crees que sirven más para unificar a la gente o para separar a la gente? Defiende tu argumento.

Olor a incienso

"Fuimos de costa en costa explorando los vastos terrenos del continente."

Olor a incienso

Se hallaban cajas de **cerillas** por todas partes de su remolque cámper, no porque fumara en aquella época, sino porque las coleccionaba recorriendo de arriba abajo todo el continente. Mi abuelo se hizo muy **aventurero** cuando mi abuela falleció y, desde entonces, nunca permaneció en un solo sitio por más de un par de meses. Me entristece que se me dificulte recordar los **rasgos** de su **rostro** ya que murió cuando yo aún era muy chiquito, pero aun hoy en día hay una cosa que me recuerda a él, una cosa que me transporta instantáneamente a su casita ambulante: el olor a **incienso**.

Según decía mi mamá, mi abuelo empezó a coleccionar cajas de cerillas de todas partes para así poder encender el incienso cuando quisiera. A mi abuela le había encantado quemarlo y cuando ella murió, mi abuelo encontró consuelo en el mismo olor que ahora me trae a mí tantos recuerdos de él.

Cuando yo tenía siete añitos, pasé el verano junto a él como copiloto en su camión, remolcando su cámper que nos sirvió de hogar durante casi once semanas. Acababa de terminar mi segundo año del colegio y mi mamá creía que a mí me gustaría lanzarme de **escapada** con él y ella tenía toda la razón del mundo. Fuimos de costa en costa explorando los vastos terrenos del continente. Descubrimos paisajes tranquilos. **Acechamos** animales salvajes. Contemplamos indominables picos montañosos. Exploramos ciudades impresionantes. Y hasta alcanzamos humildes **aldeas** remotas.

Nunca antes había tomado en cuenta qué tan geológicamente diverso era el continente, desde sus fértiles zonas tropicales a sus extendidas zonas áridas, desde sus paraísos **playeros** a sus inmensas montañas rocosas. Si hubo un factor principal por el cual he llegado a ser profesor de geología en la universidad y aficionado a la **ornitología**, no cabe duda de que fue el viaje con mi abuelo aquel verano.

Cada diciembre, antes de cerrar mi **despacho** al concluir el año escolar, le prendo fuego a un palito de incienso como una forma de limpieza espiritual. A medida que **arde** el incienso, siempre me encuentro **manoseando** una caja de cerillas mientras permanezco sentado **a solas** con mis recuerdos de aquel viaje de niño de siete años. No es un tiempo de tristeza y nostalgia, sino un tiempo de reflexión, un tiempo de **agradecimiento**. Después, cuando por fin noto que el incienso se ha extinguido, recojo mis **pertenencias**, cierro la puerta con llave y, tal y como lo hice por primera vez hace tantos años atrás, me lanzo de escapada **veraniega** con remolque cámper por atrás y sin rumbo fijo por delante. Cuando me subo a mi camión, sé que, a donde sea que vaya, mi abuelo estará junto a mí como copiloto, guiándome e inspirándome a explorar el mundo que está allí fuera, pero más que nada, guiándome e inspirándome a explorar lo que hay aquí dentro de mí.

Vocabulario – "Olor a incienso"

la cerilla – *match*
el rostro – *face*
acechar – *to stalk / spy on*
la ornitología – *ornithology*
manosear – *to handle / paw*
las pertenencias – *belongings*

aventurero/a – *adventurous*
el incienso – *incense*
la aldea – *village / town*
el despacho – *office*
el agradecimiento – *gratitude*
veraniego/a – *summer* (adj.)

el rasgo – *feature / trait*
la escapada – *escapade*
playero/a – *beach* (adj.)
arder – *to burn*
a solas – *alone*

Comprensión – "Olor a incienso"

1. ¿Qué coleccionaba el abuelo del narrador?
2. ¿Por qué lo coleccionaba?
3. ¿Adónde fue el narrador de niño?
4. ¿Qué hizo específicamente con su abuelo?
5. ¿A qué se dedica el narrador hoy en día?
6. ¿Qué le inspiró profesionalmente?
7. ¿Dónde trabaja?
8. ¿Qué tradición tiene en su despacho al final de cada año escolar?
9. ¿Cuál es el motivo de la tradición?
10. ¿Qué hace cada verano y con quién?

Análisis de contenido – "Olor a incienso"

1. ¿Hay algo que te recuerde a un ser querido que haya fallecido? ¿Qué es?
2. ¿Qué piensas del concepto de ir de viaje en cámper sin rumbo fijo?
3. ¿Qué experiencias te han inspirado en tu vida?
4. ¿Pasas tiempo reflexionando de vez en cuando?

Análisis de gramática – "Olor a incienso"

1. "Aún" significa "todavía" y "aun" significa "incluso". Cuánto molesta, ¿verdad?
2. "Veraniego" es una forma adjetival del sustantivo "verano". "Playero" es una forma adjetival del sustantivo "playa". Las traducciones de las dos respectivas formas son iguales en inglés, así que es sumamente importante que se preste atención al uso de las palabras: adjetivo, sustantivo, etc. y que no se traduzca simplemente del inglés. Hay muchos otros sustantivos cuyas formas adjetivales tienen la misma traducción en inglés. ¿Cuántos puedes nombrar en dos minutos? ¿En cinco minutos?

Autoexpresión – "Olor a incienso"

¿Has ido de viaje en coche alguna vez en tu vida? Narra la experiencia. Si no, ¿qué tal otro tipo de viaje? Si no has ido de ningún viaje memorable, escribe una historia titulada "De ida y vuelta en coche" y explora tu lado creativo.

Cuentos de libélulas

"Espérate tantito, Martín. Así no se comienzan los cuentos; así se acaban."

Cuentos de libélulas

— Colorín colorado este cuento...

— Espérate tantito, Martín. Así no se comienzan los cuentos; así se acaban.

La vieja libélula **macho**, quien tenía ya siete semanas de adulta, sabía que le quedaba muy poco tiempo para enseñarle a la **ninfa** todo lo que sabía antes de morir. Pues imagínate lo difícil que es enseñarle a una libélula recién salida del **cascarón** todo sobre la especie en tan solo unas semanas. Le había enseñado lo más importante, o sea lo de **cazar** mosquitos y lo de atraer a la **hembra** y defenderla con su vida, pero hacía falta enseñarle cómo contar un cuento de libélulas para que todo el mundo las conociera. La joven libélula estaba aprendiendo rápidamente y le faltaban muchos meses antes de que se convirtiera en adulta y le crecieran las alas, así que su tiempo de ninfa era tiempo de aprender la vieja sabiduría de las mayores y aún le quedaban muchas preguntas.

— Inténtalo de nuevo, Martín, y recuerda lo que te he enseñado.

— Discúlpeme, señor. Es que a veces me confundo, pero ahora me acuerdo.

— No hay problema. Comienza de nuevo.

— Había una vez una libélula muy hermosa que soñaba con emerger del agua, extender las alas y viajar a tierras **lejanas**, volando tranquilamente por los dulces aires tropicales...

— ¿Por qué te detuviste, Martín?

— Señor, ¿por qué me llaman "**caballito del diablo**" si soy libélula?

— ¿Quiénes te dicen eso?

— Rubí y Víctor.

– Ah, Rubí y Víctor. ¿Y son expertos en **entomología**?

– No, son amiguitas mías del **cole**.

– Déjame **adivinar**. ¿Son luciérnagas?

– Rubí sí, pero Víctor es abeja.

– Pues los caballitos del diablo son nuestros primos, pero son más pequeños y pliegan sus alas cuando están parados. A veces las luciérnagas nos llaman así con el fin de fastidiarnos, pero las abejas simplemente se confunden cuando se emborrachan con polen. De todos modos, no debes hacerles caso. Vamos, comienza de nuevo.

– Había una vez una libélula muy hermosa que soñaba con emerger del agua, extender las alas y viajar a tierras lejanas, volando tranquilamente por los dulces aires tropicales…

– ¿Otra vez?

– Perdone. ¿Por qué no les debo hacer caso, señor?

– Martín, eres muy joven e inocente para saberlo ya, pero no todos los demás insectos son nuestros amigos. En particular, las luciérnagas tienden a ser mentirosas. Vamos, Martín, que no tengo mucho tiempo. Si un día de estos vas a poder esparcir la voz y enseñar a todo el mundo lo hermosas que somos las libélulas, tendrás que ponerte las pilas. Vamos. Empieza de nuevo.

– Sí, señor. Había una vez una libélula muy hermosa que soñaba con emerger del agua, extender las alas y viajar a tierras lejanas, volando tranquilamente…

– ¿Ahora qué, Martín?

– Rubí me dice que somos **caníbales**. ¿Es una de sus mentiras, señor?

– Como hay más de cinco mil especies de libélulas, es posible que haya algunas caníbales, pero te aseguro que nosotras no nos comemos a nuestras hermanas.

– ¿Nos comemos a nuestros primos, los caballitos del diablo?

– Tampoco nos comemos a nuestros primos, Martín. Enfócate. Vamos.

– ¿Hay depredadores que se nos coman a nosotras?

– Sí, Martín, y tenemos que vigilar bien a que los peces, arañas, murciélagos y pájaros no se nos coman vivas.

Mientras Martín le hacía una pregunta tras otra a la vieja libélula macho, esa **desmentía** los muchos mitos que Rubí, Víctor y los demás amiguitos de Martín le habían dicho. La vieja libélula macho confiaba mucho en Martín, en su habilidad de aprender y algún día volar a **divulgar** lo hermoso de la vida de las libélulas, pero después de un tiempo, empezaba a perder la fe ya que la vida de una libélula adulta duraba poco y le quedaba poco tiempo más.

— Martín, ándale, antes de que se nos haga demasiado tarde.

— Sí, señor. Había una vez una libélula muy hermosa que soñaba con emerger del agua, extender las alas y viajar a tierras lejanas, volando tranquilamente por los dulces aires tropicales. Las mayores le habían impartido su sabiduría y sus conocimientos del mundo, y cuando había madurado y le llegó su momento, emergió del agua, se aferró a un trozo de corteza de árbol y completó su metamorfosis. Se le extendió el tórax como un telescopio. Las patas se le endurecieron. Las alas se le desplegaron. Y una vez que se le secaron las alas, despegó al aire y voló tranquilamente por los dulces aires tropicales. Consiguió viajar a tierras lejanas y le contó a todo el mundo lo hermoso de las libélulas.

— Muy bien, Martín. Muy bien.

La vieja libélula macho estaba orgullosa de la joven ninfa y pocos días después, al atardecer, murió a murciélago sabiendo que Martín se llevaría su mensaje por todo el mundo. Martín no estaba triste de que la vieja libélula macho hubiera muerto porque sabía que así eran las cosas. Así que regresó al agua y terminó su **formación**, preparándose cada vez más para su inevitable metamorfosis, cuando dejaría para siempre sus aguas **natales**.

Con el paso del tiempo, Martín se maduró y por fin le llegó su momento. Al amanecer, emergió del agua, se aferró a un trozo de corteza de árbol y completó su metamorfosis. Tal y como lo había practicado para su cuento, se le extendió el tórax como un telescopio. Las patas se le endurecieron. Las alas se le desplegaron. Y una vez que se le secaron las alas, despegó al aire y voló directamente hacia una **telaraña** de una viuda negra hambrienta. Cuando sintió esa **pegajosa** tela y se le arrestaron las alas, se dio cuenta de que su cuento de libélulas ya se había acabado. Pero Martín no estaba triste de que estuviera a punto de morir porque sabía que así eran las cosas.

Vocabulario – "Cuentos de libélulas"

macho – *male*
hembra – *female*
la entomología – *entomology*
caníbal – *cannibal*
divulgar – *to divulge / publicize*
el caballito del diablo – *damselfly*

la ninfa – *nymph / larva*
cazar – *to hunt*
el cole(gio) – *primary school*
desmentir – *to dispel / deny*
la formación – *education*

el cascarón – *eggshell*
lejano/a – *far-away*
adivinar – *to guess*
natal – *native / home*
la telaraña – *spiderweb*
pegajoso/a – *sticky*

Comprensión – "Cuentos de libélulas"

1. ¿Quién era Martín?
2. ¿Quién era el señor con el que hablaba?
3. ¿Qué pretendía hacer el señor?
4. ¿Dónde estaban los dos?
5. ¿Quiénes eran Rubí y Víctor?
6. ¿Qué consejo le dio a Martín sobre sus amiguitos?
7. ¿Qué opinaba el señor de Rubí?
8. ¿Con qué soñaba Martín?
9. ¿Qué le pasó al señor?
10. ¿Qué le pasó a Martín?

Análisis de contenido – "Cuentos de libélulas"

1. ¿Conoces a alguien como Martín? ¿Como el señor?
2. ¿Qué opinas sobre el consejo del señor en cuanto a los amiguitos de Martín?
3. ¿Te sentiste triste cuando leíste lo que pasó con el señor?
4. ¿Qué sentimientos te dejó el final del cuento?

Análisis de gramática – "Cuentos de libélulas"

1. Busca los usos del subjuntivo en este cuento y trata de reescribir las frases de otra manera con el fin de evitar el subjuntivo sin que se cambie el significado.
2. ¿Por qué el autor emplea adjetivos femeninos para describir a Martín y al señor, a pesar de que son personajes machos?

Autoexpresión – "Cuentos de libélulas"

¿Qué opinas de la personificación de animales en los cuentos? Escribe un ensayo defendiendo tu argumento.

Dr. Guzmán, diabólogo

"Te veo en casa, mija. Que disfrutes el segundo acto."

Dr. Guzmán, diabólogo

Recepcionista – Buen día. ¿En qué lo puedo ayudar?

Dr. Guzmán – Buenos días. Soy el doctor Guzmán y tengo una cita.

Recepcionista – ¿Es usted nuevo cliente aquí?

Dr. Guzmán – Bueno, no diría "cliente", pero sí, es la primera vez que estoy aquí.

Recepcionista – *Okay*, señor Guzmán…

Dr. Guzmán – Doctor.

Recepcionista – Perdóneme, doctor Guzmán. Aquí tiene un formulario con algunas preguntas básicas sobre su información personal, historia familiar clínica, medicamentos, nivel de formación escolar, etc. Puede tomar asiento en la sala de espera para llenarlo y aunque usted no lo termine antes de que lo llamen, favor de llevárselo a la consulta con el psicólogo.

Dr. Guzmán – Muy bien, gracias.

Narrador – El doctor Guzmán se aísla en el rincón de la sala de espera y se sienta a llenar el formulario. No tiene mucha información que darles ya que no tiene familia y no toma ningún medicamento, así que cuando lo llaman, él tiene todo listo.

Dr. Vega – ¿Señor Guzmán?

Dr. Guzmán – Doctor.

Dr. Vega – ¿Cómo?

Dr. Guzmán – Soy el doctor Guzmán.

Dr. Vega – Mil disculpas. Doctor Guzmán, pase por aquí, por favor.

Dr. Guzmán – ¿Es usted el doctor Vega?

Dr. Vega – Sí, soy yo.

Dr. Guzmán – ¿Con un **doctorado** en psicología?

Dr. Vega – Sí, y usted tiene un doctorado en… a ver… un doctorado en… Perdón, parece que hay un error en su formulario.

Dr. Guzmán – Le aseguro que no hay ningún error.

Dr. Vega – ¿Así que usted tiene un doctorado en "**diabología**"?

Dr. Guzmán – Sí.

Dr. Vega – Interesante. Pasemos por mi oficina y luego me cuenta un poco más…

Narrador – El doctor Vega dirige al doctor Guzmán a su oficina, donde le ofrece una taza de café y un sofá confortable por donde puede **yacer** y contarle su historia.

Dr. Guzmán – Qué curioso el ser humano, ¿no?

Dr. Vega – ¿En qué sentido, señ… doctor Guzmán?

Dr. Guzmán – Me refiero a su habilidad de seguir sus más bajos instintos sin poder **percatarse** de ellos.

Dr. Vega – Discúlpeme. Me temo que no lo sigo.

Dr. Guzmán – Ud. es "psicólogo", o sea, se dedica a la "psicología". Y según la morfología de la palabra, es el estudio ("-ología") de la "psique".

Dr. Vega – Eso sí es cierto.

Dr. Guzmán – Ud. me ha ofrecido un café.

Dr. Vega – De nuevo, no lo sigo.

Dr. Guzmán – ¿No habrá mejor bebida para sus clientes durante una sesión de consejería que una bebida rellena de cafeína?

Dr. Vega – Bueno, nunca lo había pensado.

Dr. Guzmán – Y si sus clientes aceptan el café, ¿cómo lo pueden beber si yacen en su sofá como Ud. sugiere?

Dr. Vega – Perdón. Doctor Guzmán, si no me equivoco, Ud. ha venido a que yo le dé una evaluación psicológica.

Dr. Guzmán – Es lo que le han dicho, sí.

Dr. Vega – ¿Pero Ud. tiene otros motivos?

Dr. Guzmán – Ud. es psicólogo y estudia la psique de sus clientes y me ha dicho que no había pensado en por qué les ofrece café a sus clientes o en por qué, después de ofrecérselo, les dice que yazcan en su sofá para contarle sus problemas.

Dr. Vega – Bueno, pensándolo ahora, supongo que les ofrezco café por buenos modales y les sugiero que yagan en el sofá porque me imagino que estarán más cómodos así. Pero, hablemos sobre Ud., sobre el porqué está aquí. Dice que tiene un doctorado en "diabología". Según la morfología, se supone que es el estudio (-ología) de…

Dr. Guzmán – De lo diabólico.

Dr. Vega – Verdaderamente fascinante, señ… doctor Guzmán.

Dr. Guzmán – A lo mejor Ud. lo conoce por su nombre coloquial: "**la diabólica**", pero los que la estudiamos la llamamos "la diabología".

Dr. Vega – Ud. me tendrá que disculpar, pero no había oído hablar ni de "la diabología" ni de "la diabólica" como campo de estudios.

Dr. Guzmán – Pues nos dedicamos a estudiar los hábitos humanos que las sociedades aceptan sin cuestionar, pero que están **arraigados** en motivos ocultos diabólicos subconscientes.

Dr. Vega – ¿"Arraigados en motivos ocultos diabólicos subconscientes"? ¡Cuánto fascina! ¿Me da un ejemplo?

Dr. Guzmán – Claro. ¿Qué tal cuando un psicólogo te ofrece un café caliente y luego sugiere que yazcas en un sofá? Lo que parece ser un acto cordial de buenos modales, en realidad resulta ser un intento subconsciente de mantener desequilibro mental en los mismísimos clientes que el psicólogo pretende ayudar.

Dr. Vega – ¿Y opina que yo, subconscientemente, haya intentado hacerle daño a Ud.?

Dr. Guzmán – Ud. no. Su subconsciencia sí.

Dr. Vega – Lo dice como si mi subconsciencia no formara parte de quién soy.

Dr. Guzmán – Efectivamente.

Dr. Vega – Discúlpeme, señ… doctor Guzmán, pero de nuevo, no lo sigo.

Dr. Guzmán – René Descartes dijo, *"cogito ergo sum"*, o sea, "pienso, luego existo" y aún más precisa la traducción, "pienso, por consiguiente, soy". Pero, le faltó algo.

Dr. Vega – ¿Qué le faltó?

Dr. Guzmán – "Tengo, por consiguiente, no pienso".

Dr. Vega – ¿Y qué "tengo"?

Dr. Guzmán – Una subsconsciencia.

Dr. Vega – ¡Increíble!

Dr. Guzmán – ¿Quiere decir que no lo cree, doctor Vega?

Dr. Vega – Bueno, lo que creo yo es que lo cree Ud.

Dr. Guzmán – ¿Pero Ud. no lo cree?

Dr. Vega – Me temo que no.

Dr. Guzmán – Precisamente.

Dr. Vega – No lo sigo, señ... doctor Guzmán.

Dr. Guzmán – Y he allí el problema. Ud. les ofrece a sus clientes un café sin pensar en si es lo mejor para ellos. Luego les sugiere que yazcan en su sofá sin pensar en el dilema que Ud. les pone al ofrecerles las dos cosas. Le he dicho que la razón por la cual lo hace es porque su subsconsciencia trata de mantener desequilibro mental en los clientes que Ud. pretende ayudar y aun así no lo cree. Y, para colmo, todos aquí en esta clínica u oficina, o donde sea que estemos, insisten en llamarme "señor" porque no cabe en su mente que yo, un mero "cliente", me merezco el respeto de mi título.

Dr. Vega – Vale, vale. Digamos que Ud. tiene razón, que la subsconsciencia de cada uno no forma parte del individuo, y que esta subsconsciencia hace que todos actuemos de cierta forma sin pensar en el porqué.

Dr. Guzmán – Lo cual necesariamente **perjudica** a los demás de manera moral, emocional o física.

Dr. Vega – Pero... ¿cómo puede la subsconsciencia actuar de manera independiente? Es que...

Dr. Guzmán – ¿Es que Ud. no me sigue? Seguro que Ud. ha oído decir alguna vez que más sabe el **diablo** por viejo que por diablo. ¿Alguna vez lo ha cuestionado?

Dr. Vega – Doctor Guzmán, ¿qué tiene que ver la subconsciencia con el diablo?

Dr. Guzmán – ¿Ud. cree en el diablo, doctor Vega?

Dr. Vega – Bueno…

Dr. Guzmán – ¿Nunca lo había pensado?

Dr. Vega – La verdad es que no.

Dr. Guzmán – ¿Pues qué haría Ud. si yo le dijera que el diablo y la subconsciencia son iguales, y que la subconsciencia de todo ser vivo es una y ha vivido desde la eternidad?

Dr. Vega – Bueno, primero lo apuntaría en su expediente clínico como parte de su evaluación psicológica.

Dr. Guzmán – Dígame, doctor Vega, ¿lo apuntaría sin pensar en el porqué, sin pensar en cómo me podría afectar, antes de evaluar lo que te estoy diciendo?

Dr. Vega – Doctor Guzmán, ¿está Ud. diciendo que, cuando la gente loca confiesa algo con el **pretexto** de: "el diablo me obligó a hacerlo", ellos tienen razón, pero de verdad?

Dr. Guzmán – Efectivamente. Doctor Vega, ¿me permite un momento?

Dr. Vega – Claro que sí.

Narrador – El doctor Guzmán saca un cuadernillo de su maletín y empieza a escribir unas notas en él mientras el doctor Vega se prepara un café.

Dr. Vega – Doctor Guzmán, ¿qué está escribiendo en su cuadernillo?

Dr. Guzmán – Solo algunos apuntes para mi evaluación.

Dr. Vega – Descuide, doctor Guzmán; no hace falta que Ud. saque apuntes para su propia evaluación, que yo me encargo.

Dr. Guzmán – Discúlpeme por el malentendido. Es que estos apuntes que saco son para la evaluación psicológica que yo le doy a Ud.

Dr. Vega – Me temo que no lo sigo.

Dr. Guzmán – Ud. ha solicitado un puesto en la fundación que represento para estudiar lo paranormal y como parte de la solicitud, Ud. autorizó una evaluación psicológica. ¿Ahora me sigue?

Dr. Vega – Ah, *okay*. Sí, sí, ahora lo sigo. Todo esto ha sido una gran prueba. ¿Pues cómo me va la evaluación?

Dr. Guzmán – Tengo malas noticias: su solicitud para el puesto ha sido **rechazada**.

Dr. Vega – ¿Pero por qué? ¿Qué problema tengo?

Dr. Guzmán – Me temo que Ud. **padece** lo que los expertos llamamos "mente cuadrada" y me temo que no hay cura.

Telón

Toda la sala estalla en aplausos. Bueno, casi toda…

– Hortensia, no sé cómo me convenciste de que viniera a ver una obra del teatro comunitario.

– Apá, no está mal. Dale una chance. Estos son mis cuates.

– Aun si el segundo acto sale mejor, no puedo aguantar más de esta psicobasura. Esto es peor que tus programas de la tele.

– Apá…

– En serio. ¿El diablo es la subconsciencia? No es creíble para nada. Todos sabemos que el diablo es rojo, tiene **rabo**, **patas** y **cuernos** de cabra, porta una **horca** en la mano y que vive en el **infierno**. Te veo en casa, mija. Que disfrutes el segundo acto.

– Apá…

Vocabulario – "Dr. Guzmán, diabólogo"

el doctorado – *doctorate*   **la diabología** – *diabology*   **percatarse** – *to notice*
yacer – *to be lying down*   **la diabólica** – *diabolics*   **arraigado/a** – *rooted*
perjudicar – *to harm*   **el diablo** – *the devil*   **rechazado/a** – *rejected*
el telón – *stage curtain*   **la pata** – *foot and leg (animal)*   **el rabo** – *tail (animal)*
el cuerno – *horn (animal)*   **la horca** – *pitchfork*   **el infierno** – *hell*

Comprensión – "Dr. Guzmán, diabólogo"

1. ¿Dónde está el doctor Guzmán?
2. ¿Quién es el doctor Vega?
3. ¿A qué se dedica el doctor Vega?
4. ¿A qué se dedica el doctor Guzmán?
5. ¿Para qué está el doctor Guzmán?
6. ¿Dónde están Hortensia y su papá?
7. ¿Qué están haciendo?
8. ¿Qué opina su papá de la obra?
9. ¿Qué quiere Hortensia que haga su papá y por qué?

Análisis de contenido – "Dr. Guzmán, diabólogo"

1. ¿Qué piensas de los títulos universitarios? En algunos países, el título de "licenciado" (persona con licenciatura) lleva mucho prestigio, mientras que, en otros países, solo el grado de "doctor" o "doctorado" merece el prestigio de un título.
2. ¿Debe considerarse un insulto llamar a alguien con un doctorado "señor" o "señora"? ¿Debe depender de las circunstancias? Si dices que sí, ¿cuáles?
3. Tomando en cuenta el contexto del diálogo, ¿qué quiere decir "mente cuadrada"?

Análisis de gramática – "Dr. Guzmán, diabólogo"

1. Puede que los términos "el diabólogo", "la diabología" y "la diabólica" (como campo de estudio) no estén registrados en ningún diccionario, pero se entienden perfectamente. ¿Cómo es posible que uno pueda acuñar una palabra nueva sin que haya confusión? Piénsalo en términos gramaticales.
2. "Me temo que no lo sigo". ¿Por qué el autor usa el indicativo? ¿Puede "temer" considerarse un verbo "de cabeza" (de los 5 sentidos) y "de corazón" (emoción)?
3. Yacer – se debe conjugar como *conocer* y *ofrecer*: "yazco", o como *hacer* y *satisfacer*: "yago". ¿Qué opinas del hecho de que las dos formas son válidas? ¿Qué opinas del hecho de que aún existe una tercera forma válida que es una combinación de las otras dos formas: yazga?

Autoexpresión – "Dr. Guzmán, diabólogo"

Todos actuamos por hábito, sin pensar en por qué hacemos ciertas cosas. ¿Crees que es bueno? ¿Crees que es malo? ¿Cómo sería la sociedad si todos cuestionáramos todas nuestras propias acciones y fuéramos más conscientes de nuestra conducta? ¿Merecería la pena? Defiende tu argumento.

Mediocrísimo

"Sí, señores, Federico Méndez es la persona más mediocre del mundo."

Mediocrísimo

– Buenos días, damas y caballeros, hoooy eeees luuuuneeees. Despiértense y hagan de este el mejor día de sus vidas. No hay **excusa** alguna que **impida** que se cumplan todos sus deseos en el mundo...

Federico Méndez apagó su radio despertadora. Se levantó de la cama y se puso las pantuflas que había dejado en el piso al acostarse la noche anterior. **Resignado** a comenzar su semana **laboral**, se estiró, bostezó y se puso en marcha.

Federico Méndez no es el más trabajador. Tampoco es el más talentoso. Y nadie lo **considera** el más **optimista** ni el más divertido. Si **existe** una **superlativa** que mejor lo **describe**, no cabe duda de que "mediocrísimo" lo es. Sí, señores, Federico Méndez es la persona más **mediocre** del mundo.

Trabaja de **asistente** general en una oficina **gubernamental** en su ciudad natal. Llega a tiempo cada mañana y sale a tiempo cada tarde. Hace quince años, se **graduó** de su universidad local con un grado en **estudios** generales y, desde entonces, ha permanecido en la misma ciudad, en el mismo trabajo, en el mismo puesto, en el mismo **cubículo**.

No es que Federico Méndez sea tonto ni que esté desanimado. No es que no tenga ganas de ser promovido o retado profesionalmente. Es que, por mucho que lo quiera, por más que lo intente, nunca es reconocido por sus puntos fuertes: su **estabilidad**, su constancia y su **temperamento** tranquilo.

El ánimo del locutor de la radio no logró infundirle **entusiasmo** aquel lunes. De hecho, algunos de sus colegas profesionales opinan que Federico Méndez es **inmune** al entusiasmo. **Especulan** que es la razón por la que no se **especializó** en la universidad y ha logrado muy poco en su vida desde entonces.

Cuando sus colegas de la oficina tratan de darle conversación, él les contesta sus preguntas de la **manera** más corta posible, pero nunca hace sus propias preguntas porque le falta la **curiosidad** básica que le toca al **resto** del mundo. "¿Cómo amaneciste, esta mañana?" "Bien, gracias". "¿Tienes hijos?" "No". "¿Te late salir esta noche con nosotros?" "Otra noche será".

Hay muy pocos que sepan a qué se dedica Federico Méndez y hasta a su propios padres se les **dificulta** explicar en qué trabaja su hijo cuando los vecinos o amigos se lo preguntan. "¿Cómo anda Federico?", les preguntan de cuando en cuando. "Eeemmm… sigue igual", responden, por falta de qué decir. "Recuérdame de nuevo, ¿en qué trabaja?" "Bueno, es que sigue trabajando para la ciudad". Es muy común que los que preguntan sobre Federico Méndez pierdan interés y curiosidad antes de que sus padres tengan que **confesar** que ellos mismos no tienen la menor idea.

Aquel lunes, Federico Méndez cogió el autobús solo y fue a trabajar con su maletín en la mano, vacío de los **documentos** que se supondría que seguro se **contenían** dentro. Llegó a tiempo, dejó su almuerzo en un rincón de la nevera, se preparó una taza de café negro, se sentó a su escritorio, encendió su ordenador y se puso a hacer… bueno, a hacer lo que tuviera **pendiente**. A las cinco de la tarde, Federico Méndez apagó su ordenador, se levantó de su silla, cerró su maletín vacío y se dirigió hacia la puerta. "Oye, Federico", se oyó decir desde el pasillo. Federico se detuvo y se volteó para darle oído. "¿Sí?", respondió. "¿Por qué no nos **acompañas** a mí y a los demás a tomar una copa?" Era su colega Cristina, quien, por lo **misterioso** que era Federico Méndez, se sentía atraída y quería llegar a conocerlo mejor. "Otra tarde será". Contestó **predeciblemente**.

No es que Federico Méndez sea **incapaz** de sentir **atracción** romántica, ni que Cristina no sea una persona muy linda con mucho para ofrecer a una pareja, sino que Federico Méndez no reconoce el coqueteo cuando lo ve y nunca piensa en cosas así. Así que, como de costumbre, cogió el autobús solo y comenzó el recorrido de vuelta a su piso…

– Buenos días, damas y caballeros, hoooy eeees maaaaarteeees. Despiértense y hagan de este el mejor día de sus vidas. No hay excusa alguna que impida que se cumplan todos sus deseos en el mundo…

Federico Méndez apagó su radio despertadora. Se levantó de la cama y se puso las pantuflas que había dejado en el piso al acostarse la noche anterior. Resignado a continuar su semana laboral, se estiró, bostezó y se puso en marcha…

Vocabulario – "Mediocrísimo"

¿Cuántos cognados pudiste identificar que no sabías antes de leer este relato?

impida (impedir)	**excusa**	**resignado**	**laboral**
considera (considerar)	**optimista**	**superlativa**	**mediocre**
existe (existir)	**asistente**	**gubernamental**	**estudios**
especulan (especular)	**cubículo**	**estabilidad**	**temperamento**
especializó (especializar)	**entusiasmo**	**inmune**	**manera**
dificulta (dificultar)	**curiosidad**	**resto**	**confesar**
contenían (contener)	**documentos**	**pendiente**	**misterios**
acompañas (acompañar)	**incapaz**	**prediciblemente**	**atracción**

Comprensión – "Mediocrísimo"

1. ¿Quién es Federico Méndez?
2. ¿Cómo es?
3. ¿Dónde trabaja?
4. ¿Qué experiencia laboral tiene?
5. ¿Cuáles son sus puntos fuertes?
6. ¿Qué opinan sus colegas de él?
7. ¿Qué hace cuando sus colegas tratan de darle conversación?
8. ¿Cómo responden sus padres cuando alguien les pregunta sobre él?
9. ¿Qué lleva en su maletín?
10. ¿Cómo reaccionó ante el coqueteo de su colega Cristina?

Análisis de contenido – "Mediocrísimo"

1. ¿En qué punto empezaste a dudar si algo interesante iba a pasar en este relato?
2. ¿Te recuerda Federico Méndez a alguien que hayas conocido en tu vida?
3. ¿Qué comunican los puntos suspensivos (…) al final del relato?
4. Por el contexto, ¿qué te imaginas que quiere decir "late" en la frase siguiente?
    *"¿Te **late** salir con nosotros esta noche?"*
    ¿Cuántos sinónimos puedes proponer en dos minutos para sustituirlo?

Análisis de gramática – "Mediocrísimo"

1. ¿Qué dice sobre el narrador mismo su uso del subjuntivo en la frase siguiente?
    … *"encendió su ordenador y se puso a hacer… bueno, a hacer lo que **tuviera** pendiente"*.
2. En palabras con doble vocal como "contr**aa**taque", "l**ee**r" y "c**oo**rdinar", cada vocal se pronuncia independientemente de la otra. ¿Crees que esa regla se aplica en la frase siguiente? *"hoooy eeees luuuuneeees"*. ¿Cómo la pronunciarías tú?

Autoexpresión – "Mediocrísimo"

Si Federico Méndez es el individuo más mediocre del mundo, escribe un cuento de ficción sobre el individuo más sobresaliente del mundo.

Sin pelos en la lengua

"... se dejaron llevar tanto que hasta amenazaban aniquilar todo el planeta."

Sin pelos en la lengua

— Abuelito, ¿me cuentas una historia para dormir?

— Ay, Manuelita, se nos ha hecho demasiado tarde esta noche.

— ¿Por favorcito?

— Está bien, pero solo una historia cortita.

— ¡Yupííííí, gracias, abue!

— ¿Quieres que te cuente una historia de amor, de **tonterías** o de terror?

— De terror, porfis.

— ¿Estás segura? ¿No te dará pesadillas?

— Segurísima, abue. Cuéntamela. Cuéntamela.

— Está bien. Hace mucho, en un planeta distante, había una raza de humanoides no muy diferentes de nosotros que no tenían pelos en la lengua.

— ¡Qué feo, abue!

— Sí, pero lo peor era que, por no tener pelos en la lengua, les dolía mucho morderse la lengua y ese dolor les causaba mucho odio y mucha **rabia**.

— ¿Eran monstruos?

— Muchos creían que sí. Pues, incapaces de morderse la lengua, andaban por todas partes diciendo en voz alta todo lo que pensaban sin importar a quienes insultaran, a quienes perjudicaran ni a quienes destruyeran.

— Abue, esta historia… o sea, no es cierta, ¿o sí?

— **Lamentablemente**, jita, es cierta, pero… si no quieres que continúe…

— No, no, no, estoy bien. Continúa, por favor.

— Bueno, estos monstruos hablaban mal de todos los individuos y grupos que no se conformaban con lo que se consideraba "normal" y cualquier intento de razonar con ellos solo hacía que criticaran e insultaran aún más.

— ¿Cómo se sabía qué era normal y qué no lo era?

— Pues los no monstruos creían que las diferencias entre diferentes personas y distintos grupos debían ser celebradas y que nada era ni normal ni anormal, pero los monstruos no opinaban así. Esos creían que ellos mismos, fueran como fueran, eran los normales y todos los que fueran diferentes, por definición, eran los anormales.

— Pues, abue, ¿cómo eran los monstruos?

— Esa es una fantástica pregunta, porque todos eran distintos, de diferentes alturas, de diferentes colores, de diferentes géneros, de diferentes nacionalidades, de diferentes costumbres y de diferentes habilidades. El único rasgo físico que tenían en común era que no tenían pelos en la lengua. Así que no se podía distinguir entre los monstruos y los no monstruos hasta que abrieran la boca para hablar.

— Abue, estoy confundida. Si hasta los monstruos mismos no podían distinguir entre los monstruos y los no monstruos, ¿cómo sabían a quiénes criticar, insultar o perjudicar y a quiénes no?

— Eso era un gran problema. Todos los monstruos se criticaban e insultaban los unos a los otros, acusando a los "anormales" de ser los monstruos y empezaron a destruirse los unos a los otros.

— ¿Cómo eran los no monstruos, abue?

— Los no monstruos también eran todos distintos, de diferentes alturas, de diferentes colores, de diferentes géneros, de diferentes nacionalidades, de diferentes costumbres y de diferentes habilidades.

— Pero esos tenían pelo en la lengua, al igual que nosotros, y no les dolía morderse la lengua, ¿verdad, abue?

— Sí, amorcito mío, ellos tenían pelo en la lengua y, además de podérsela morder, creían que todos debían brindarles amor y amistad a todos los demás, a pesar de sus diferencias, y usar la lengua para resolver problemas, no para criticar o insultar.

— Esos me gustan, abue, o sea, los que querían usar sus lenguas para bien, no para mal.

– A mí también me gustan esos, jita.

– Cuéntame más sobre los no monstruos, abue.

– Pues viendo que los monstruos se iban a destruir los unos a los otros, los no monstruos empezaron a sugerir que los monstruos dejaran de criticar e insultar y que usaran sus lenguas para bien. Trataron de abrir diálogos constructivos, pero eso fue su gran error.

– ¿Por qué, abue? ¿Por qué fue un error tratar de mejorar las cosas?

– Fue un error porque habían subestimado el odio que los monstruos llevaban dentro de sus corazones. Los monstruos empezaron a acusar a los no monstruos de desear silenciarlos, y no había nada peor en su opinión, o sea, que alguien más les dijera que se mordieran la lengua. Creían que tenían el derecho a decir lo que les diera la gana, a pesar de a quiénes perjudicaran y, lamentablemente, eran incapaces de comprender que tener el derecho de hacer algo no significaba que fuera **benéfico** hacerlo.

– Los monstruos no me parecen muy inteligentes.

– No, jita. Al menos no lo eran en cuanto a esas cosas. Pues los monstruos empezaron a dirigir toda su rabia, toda su **ira** y todo su odio hacia los no monstruos, los que habían sugerido una alternativa más positiva.

– ¿Qué pasó con ellos, abue?

– Pues los monstruos empezaron a amenazar a los que tenían pelos en la lengua y, con el paso de tiempo, empezaron a matarlos.

– ¿Los mataron a todos, abue?

– Muchos fueron muertos por los monstruos, pero los que tenían pelos en la lengua eran más inteligentes de lo que los monstruos podían imaginar. Los que aprendieron a sobrevivir, empezaron a aplicarse cada vez más en sus estudios académicos, aprendiendo todo lo que pudieran. Trataban de educar y enseñarles a los monstruos, pero esos se burlaban de los no monstruos. Los criticaban y les decían "élites", creyendo que era un insulto, pero los no monstruos estaban determinados y seguían y seguían, haciéndose cada vez más inteligentes. A lo largo de tiempo, los "élites" empezaron a construir tecnologías avanzadas como **cohetes**, radios, telescopios poderosos, materiales capaces de resistir radiación **estelar** y aparatos capaces de sostener vida en el espacio sideral, y empezaron a explorar **más allá de** la superficie del planeta.

— ¿Por qué dices que los monstruos no podían imaginar lo inteligentes que eran los no monstruos?

— Los monstruos eran tan tontos que solo imaginaban que esas tecnologías podrían servir para construir armas y otras herramientas de guerra, lo cual satisfaría su hambre de conflicto.

— Pero los no monstruos no usaban esas tecnologías para construir armas de guerra, ¿verdad?

— Ellos no, pero algunos monstruos **se apoderaron** de la tecnología y empezaron a usarla para eso. Por su odio y su rabia, los monstruos **se dejaron llevar** tanto que hasta amenazaban aniquilar todo el planeta.

— Pues, abue, los no monstruos lograron detener a los monstruos, ¿verdad? No dejaron que los monstruos aniquilaran todo el planeta, ¿o sí?

— Ay, amorcito, me gustaría que fuera así. Como los no monstruos usaban su inteligencia y sus lenguas **peludas** para dialogar y los monstruos usaban su odio y sus lenguas **calvas** para destruir, los no monstruos no lograron prevenir la aniquilación del planeta. Los monstruos **culpaban** a los no monstruos por todos los problemas del planeta y los no monstruos se culpaban a sí mismos.

— ¿Por qué los no monstruos se sentían culpables, abue? Eran ellos los que trataban de ayudar y mejorar las cosas. Los monstruos son los que debían sentirse culpables.

— Fue una **paradoja**, jita. Por tontos, los monstruos no comprendían lo tontos que eran. No comprendían la amenaza existencial que ellos habían creado y aun pensaban que los "élites" eran tontos. **En cambio**, los no monstruos se sentían culpables (y tontos) porque no eran suficientemente inteligentes para predecir que sus inventos tecnológicos terminarían en manos de los monstruos. Se dieron cuenta de que lo que habían hecho con su inteligencia, al final, fue tonto.

— ¿Así que todos fallecieron?

— Afortunadamente no, jita. Cuando los no monstruos se dieron cuenta de su error y que **no había marcha atrás**, o sea que, a pesar de su inteligencia, no había manera de volver el tiempo atrás, tomaron la difícil decisión de abandonar el planeta a bordo de esta nave espacial.

— ¿Así que conviven aquí entre nosotros?

— La verdad, amor, es que los que huyeron somos nosotros. Y desde entonces, seguimos aquí hasta que hallemos otro planeta habitable, si es que lo hay.

Vocabulario – "Sin pelos en la lengua"

las tonterías – *silliness*	**lamentable** – *regrettable*	**la rabia** – rage
benéfico/a – *beneficial*	**la ira** – *ire*	**el cohete** – *rocket*
estelar – *stellar*	**apoderarse** – *to take control*	**más allá de** – *beyond*
dejarse llevar – *to get carried away*		**peludo/a** – *hairy*
calvo/a – *bald*	**culpar** – *to blame*	**la paradoja** – *paradox*
en cambio – *however*	**no había marcha atrás** – *there was no going back*	

Comprensión – "Sin pelos en la lengua"

1. ¿Quiénes son los personajes y qué hacen?
2. ¿Qué significa "no tener pelos en la lengua?
3. ¿Qué significa "morderse la lengua?
4. ¿Qué quiere decir "jita"?
5. ¿Quiénes eran los monstruos?
6. ¿Quiénes eran los no monstruos?
7. ¿Dónde viven Manuelita y su abuelo?
8. ¿Cuánto tiempo tienen viviendo allí?

Análisis de contenido – "Sin pelos en la lengua"

1. "Monstruos" y *no* monstruos". ¿Qué significa "no" aquí? ¿Para qué sirve este uso?
2. ¿Puede que el planeta descrito sea el nuestro? ¿Qué semejanzas y diferencias ves?
3. ¿Cuántos años tendrá Manuelita? ¿Es verosímil esta conversación entre los dos?
4. Cuanto más inteligente sea uno, más tonto se cree por poderse imaginar cuánto no sabe. En cambio, cuanto menos inteligente sea uno, más inteligente se cree por no poderse imaginar lo tanto que no sabe. ¿Qué opinas de esta paradoja?

Análisis de gramática – "Sin pelos en la lengua"

1. La voz activa: Persona X <u>mató</u> a Persona Y.
   La voz pasiva: Persona Y <u>fue muerta</u> por Persona X. (¿Puedes *morir* a alguien?)
   Qué extraño que no se dice "fue <u>matada</u>". ¿Qué opinas de eso? ¿Hay construcciones verbales en inglés que puedan utilizarse en un tiempo verbal pero no en otro? Explora y contempla el uso de diferentes tiempos verbales con las expresiones siguientes en inglés:
   "I <u>have been to</u> London." (Can you "*be* to" a place in another tense?)
   "I am going <u>to try and see</u> if I can go." (Can you "try *and* see" in any another tense?)
2. En la frase: "los no monstruos se culpaban a sí mismos", ¿para qué sirve decir "a sí mismos"? ¿Hace falta decirlo en este contexto? ¿Qué ambigüedad aclara?

Autoexpresión – "Sin pelos en la lengua"

Este relato juega con los significados figurados y literales de las expresiones "no tener pelos en la lengua" y "morderse la lengua". Escribe un cuento corto utilizando una expresión idiomática y jugando entre su significado figurado y una interpretación literal.

Perdiendo el hilo

"¿Más café, don Ramón?"

Perdiendo el hilo

"Ay, se me fue el avión", suele decir cuando se le ha perdido el hilo de la historia que está contando. El señor Beltrán nunca se casó ni tampoco tuvo hijos, pero sí ha vivido una vida **repleta** de amor y de aventuras, aprovechando cada oportunidad que en la vida se le ha presentado. A pesar de sus muchas aventuras y experiencias, le encanta más que nada contar una buena historia, aunque no sea enteramente cierta, y aunque nomás le hayan pedido la hora. "¿Por qué tener estas experiencias si no se las cuento a nadie?" Y cuánta razón tiene.

No todos le dicen "señor Beltrán". Algunos lo llaman "don Julio", pero nadie se atreve a decirle simplemente "Julio". Aun antes de que le aparecieran las características arrugas por las cuales muchos lo han llegado a reconocer, se veía en sus ojos una cualidad de sabiduría, de comprensión y de compasión que merecía el respeto de cierta formalidad no extendido a **un cualquiera**.

Se pasa a diario, alrededor de las 6:00 de la mañana, por una cafetería en medio de la ciudad. Sin falta, pide un cafecito con leche **descremada** y un solo paquete de azúcar, pero pide un desayuno distinto cada día con el fin de probar todas las opciones de la carta antes de empezar de nuevo desde el principio. Le lleva un mes entero llegar al fin de la carta, y los domingos, cuando sirven un plato especial del día, claro que el señor Beltrán ha de dejar en pausa lo de la carta para así poderlo aprovechar. **Al igual que** a mucha gente que frecuenta un sitio, todos allí en la cafetería lo conocen, y no solamente los empleados, sino también los demás clientes regulares.

— Buen día, don Julio. ¿Qué me cuenta?

— Hola, doña Lola…

Lola lleva más de cuarenta años trabajando de mesera para la cafetería que el señor Beltrán frecuenta. **A diferencia de** él, ella no es aventurera y vive por oír historias de aventuras **ajenas**, como las del señor Beltrán. Cuando él narra un cuento, Lola se transporta por donde sea que el señor Beltrán la lleve. Lola se casó cuando tenía tan solo dieciocho años, estando ya embarazada de un hijo. Nunca se graduó de la escuela ya que siempre había soñado con ser mamá y ama de casa, pero cuando su hijo recién nacido falleció del síndrome de muerte súbita infantil, todos sus sueños **se desvanecieron**. Los médicos les aseguraron que no era culpa de nadie, que a veces pasaba sin saber por qué, pero Lola siempre se sintió responsable de algún modo. Es por eso que nunca tuvo más hijos. A los veinticinco años, Lola se quedó **viuda** y tuvo que buscar trabajo, pero tenía pocas opciones profesionales ya que nunca se había empleado. Siendo ama de casa, sabía limpiar, coser ropa, y preparar comida, así que cuando vio un **letrero** en la ventana de una cafetería nueva que decía: "Se busca meseras", **solicitó**, y desde entonces, no ha faltado ni un día de trabajo.

— Ay, doña Lola, se me fue el avión.

— No se preocupe, don Julio. Ahorita regreso con su desayuno y quizá se acuerde.

— ¿Más café, don Ramón?

— Si bien calientito está, doña Lola.

Ramón es el dueño **actual** de la cafetería. Confía en Lola desde que él era chiquito y la trata como a su propia madre. El padre de Ramón fue el que fundó la cafetería hace cuarenta y dos años y Lola fue la primera mesera a la que él contrató. Cuando Ramón tenía once años, su padre le dio un trabajo de tiempo parcial **aseando** mesas y lavando platos, y es cuando conoció a Lola. Ramón estudió negocios en la universidad y fue el primero de su familia en graduarse. Siempre pensó que trabajaría para una compañía muy grande o en la bolsa de valores, pero cuando sus padres murieron inesperadamente de intoxicación de monóxido de carbono mientras dormían, **heredó** la cafetería y todos sus grandes planes cambiaron. Pensaba vender la cafetería, pero gente como Lola y el señor Beltrán lo convenció para que se la quedara.

— Gracias, doña Lola.

— Para servirle, don Ramón.

– Sr. Beltrán, ¿qué hora es?

– Es hora de desayunar, Ramoncito.

– Como usted mande…

El Sr. Beltrán conoció a Ramón cuando ese empezó a trabajar para su papá hace ya muchos años. En aquella época, el señor Beltrán ya era uno de los clientes regulares, y aunque Ramón ya es el dueño y ya no es muchacho, el señor Beltrán sigue llamándolo "Ramoncito", pero Ramón no se ofende. Si alguien puede llamarlo "Ramoncito" sin ofenderlo, son el señor Beltrán y Lola, pero Lola jamás se atrevería a decírselo ahora que Ramón es su jefe. Lola lo consideraría una falta de respeto, una falta de educación de su parte, y sabría que sus padres, que en paz descansen, estarían avergonzados al oír que faltó el respeto a su jefe, a pesar de la edad que tuviera.

– Aquí tiene, don Julio. **Buen provecho**, ¿eh?

– Muchas gracias, doña Lola. Y cuando tenga un momento… ¿más café?

– A la orden.

– Buenos días. Gusto en verlas. Tomen asiento y ahorita las atiendo…

Vocabulario – "Perdiendo el hilo"

repleto/a – *replete / full*
un cualquiera – *just anybody*
ajeno/a – *other people's*
desvanecerse – *to fade away*
asear – *to clean / tidy*

al igual que – *just like*
descremada – *skim* (milk)
viuda/o – *widow/er*
el letrero – *sign* (with words)
buen provecho – *bon appetit*

a diferencia de – *unlike*
solicitar – *to apply (for)*
actual – *current*
heredar – *to inherit*

Comprensión – "Perdiendo el hilo"

1. ¿Quién es el señor Beltrán?
2. ¿Dónde está?
3. ¿Por qué está allí?
4. ¿Qué pide Julio?
5. ¿A qué se dedica Lola?

6. ¿Cuál es la historia de Lola?
7. ¿Quién es Ramón?
8. ¿Cuándo y cómo se conocieron Ramón y Lola?
9. ¿Se conocen Julio y Ramón?

Análisis de contenido – "Perdiendo el hilo"

1. ¿Qué se puede inferir de "tan solo" en la oración siguiente: "Lola se casó cuando tenía tan solo dieciocho años"?
2. ¿Qué opinas del hecho de que Lola ustedea a su jefe, Ramón, aunque él es mucho menor que ella y lo conoció cuando ese tenía tan solo once años?
3. Los títulos de respeto "don" y "doña" se utilizan con nombres de pila, no con apellidos como "señor" y "señora". ¿Para qué sirven estos títulos?

Análisis de gramática – "Perdiendo el hilo"

1. ¿Por qué es indispensable la "a" en la frase siguiente?: "… la trata como a su propia madre…"
2. ¿Cuál es el sujeto del verbo en la frase siguiente: "Se busca meseras"? ¿Cómo lo sabes?

Autoexpresión – "Perdiendo el hilo"

Las películas tanto como los libros tienden a darnos un final feliz o al menos una conclusión que satisface a su audiencia, pero la vida no es así. En la vida, una cosa lleva a la otra y, asimismo, una conversación lleva a la otra, sin final alguno. En la cafetería de este relato, uno puede imaginarse que Lola pasa sus días tomando parte de muchas diferentes conversaciones a medida que sus clientes entran y salen a lo largo del día. Como este relato no da en definitiva ninguna conclusión, te toca a ti coger el hilo donde el autor lo dejó y escribir un párrafo más sobre las mujeres que acaban de entrar. ¿Quiénes son? ¿Cómo conocen a Lola? ¿Frecuentan esta cafetería? Etc., etc.

Soñando despierto

"Si susurro tu nombre, ¿te me irás?"

Soñando despierto

¿Eres real,
de carne y hueso?
¿Estoy soñando
despierto e **indefenso**?

Si **acaricio** tu piel,
¿**te esfumarás**?
Si tú me **pellizcas**,
¿me despertarás?

¿Eres un ángel
enviado del cielo
a **sanar** mis heridas?
Es lo que **anhelo.**

¿Te has caído
a que yo te atrape?
¿En brazos fuertes,
anhelas que te abrace?

Si **susurro** tu nombre,

¿te me irás?

Si susurras el mío,

me **derretirás**.

Si te tomo de la mano,

¿así **temblarás**?

Si **sujetas** la mía,

temblaré aún más.

Cuando te miro a los ojos,

¿lees mis pensamientos?

Cuando **desvío la vista**,

¿**percibes** mis sentimientos?

Tu sonrisa me **fortalece**.

Me incita y me inspira.

Tu cuerpo me **enloquece**

y a mí me intimida.

¿Cómo se acabará

si me despierto en lo hondo?

De mí te despedirás.

En **caída libre tocaré fondo**.

Vocabulario – "Soñando despierto"

indefenso/a – *defenseless*   **acariciar** – *to caress*   **esfumarse** – *to vanish*
pellizcar – *to pinch*   **sanar** – *to heal*   **anhelar** – *to long for*
susurrar – *to whisper*   **derretir** – *to melt*   **temblar** – *to tremble*
sujetar – *to hold*   **desviar la vista** – *to look away*   **percibir** – *to perceive*
fortalecer – *to strengthen*   **enloquecer** – *to drive (someone) crazy*
en caída libre – *in free fall*   **tocar fondo** – *to hit rock bottom*

Comprensión – "Soñando despierto"

1. ¿Qué quiere decir "soñar despierto"?
2. Al fin de cuentas, ¿qué anhela el poeta?
3. ¿Qué posibilidad toma en cuenta el poeta sobre ese posible "ángel"?

Análisis de contenido – "Soñando despierto"

1. ¿A quién crees que se le dirige este poema, en términos generales?
2. ¿Qué relación tiene esa persona con el poeta?
3. ¿Qué te imaginas que le ha pasado o le está pasando al poeta?
4. El poeta habla de "temblar" como posible reacción a sostenerse la mano. En el fondo, ¿qué sentimientos crees que harían que ellos temblaran?
5. ¿Te puedes identificar con los sentimientos del poeta? Si es así, ¿en qué sentido?

Análisis de gramática – "Soñando despierto"

1. ¿Con cuál género se identifica el poeta? ¿Qué palabras te lo indican?
2. ¿Cuál es el género de la persona a la que se le dirige el poema?
3. ¿En qué persona se cuenta el poema: primera, segunda, tercera; singular, plural?
4. ¿Qué otros tipos de escritura se tienden a escribir en dicha persona?
5. El poeta pregunta: "¿te me irás?". "Te irás" es reflexivo y "me" es un pronombre de complemento indirecto. No es la combinación de pronombres más común. Indirecto-Directo y Reflexivo-Directo son mucho más comunes. Acuérdate del orden correcto – R.I.D. (Reflexivo, Indirecto, Directo). Incorporando pronombres de complemento indirecto, escribe frases utilizando 5 de los verbos siguientes: irse, olvidarse, caerse, ocurrirse, perderse, romperse, dificultarse, hacerse.

Autoexpresión – "Soñando despierto"

Por si no has anticipado la tarea por delante, ahora te toca a ti escribir tu propio poema titulado "Soñando despierto/a/e" (según el género personal con el cual más te identifiques). Claro que no tienes que revelar tus deseos más profundos si no quieres, pero rétate a explorar, a través de tus sentimientos, tus deseos verdaderos con los que sueñas despierto/a/e.

Cada ocho días

"A mí me pagan cada ocho días."

Cada ocho días

— ¿**Cada cuánto** te pagan en tu trabajo?

— A mí me pagan cada ocho días.

— ¿Así que una semana te pagan un viernes, y la siguiente te pagan un sábado, luego, un domingo, etc.? Se me hace muy raro.

— No, no es así. Me pagan cada viernes.

— ¿Cómo que te pagan cada ocho días si es que te pagan cada viernes y hay tan solo siete días en una semana?

— Escucha. Me pagan el viernes —el día uno—...

— Sí...

— Luego: el sábado —día dos—. Después: el domingo —día tres—. Después: el lunes —día cuatro—. Luego: el martes —día cinco—. Luego: el miércoles —día seis—. Después: el jueves —día siete—. Al final: me pagan de nuevo el viernes —día ocho—. Cada ocho días. ¿Ya ves?

— Y si en mi trabajo me pagan a mí cada dos viernes, ¿**quiere decir** que me pagan cada dieciséis días —ocho días **por** dos semanas—?

— No, qué absurdo. Todos sabemos que no hay dieciséis días en dos semanas.

— Entonces, ¿cada cuánto me pagan?

— Obviamente te pagan cada quince días.

— ¿Quiere decir que en una semana hay ocho días, pero en dos semanas hay quince?

— No, qué ridículo. Cada semana es igual y **consta de** siete días. Dos semanas son catorce días.

— Estoy confundido. Si hay catorce días en dos semanas, ¿cómo es que me pagan cada quince días si me pagan cada dos viernes?

– Escucha. Te pagan el viernes —el día uno—…

– Sí…

– Luego: el sábado —día dos—. Después: el domingo —día tres—. Después: el lunes —día cuatro—. Luego: el martes —día cinco—. Luego: el miércoles —día seis—. Después: el jueves —día siete—. Después: el viernes —día ocho—. Luego: el sábado —día nueve—. Después: el domingo —día diez—. Después: el lunes —día once—. Luego: el martes —día doce—. Luego: el miércoles —día trece—. Después: el jueves —día catorce—. Al final: te pagan de nuevo el viernes —día quince—. Cada quince días. ¿Ya ves?

– Ah, ahora lo veo. Hay que **sumarle** uno más: siete más uno son ocho. Catorce más uno son quince. Así que, con esa lógica, en realidad a ti te pagan cada dos viernes y a mí me pagan cada tres viernes.

– ¿Cómo crees?

– Escucha. Te pagan a ti el viernes —el viernes uno—…

– Sí…

– Luego: el viernes siguiente, te vuelven a pagar —viernes dos—. Cada dos viernes. ¿Ya ves?

– **Anda**. ¿Y a ti?

– A mí me pagan el viernes —el viernes uno—…

– Sí…

– Luego: el viernes siguiente, no me pagan —viernes dos—…

– Sí…

– Luego: el viernes después, me vuelven a pagar —viernes tres—. Cada tres viernes. ¿Ya ves?

– No, qué ridículo.

– Tienes razón.

Vocabulario – "Cada ocho días"

¿Cada cuánto? – *How often?*   **querer decir** – *to mean*   **por** – *times* (8x2=16)
constar de – *to consist of*   **sumar** – *to add* (sum)   **anda** – *wow*

Comprensión – "Cada ocho días"

1. ¿Cuántas diferentes personas dialogan?

2. ¿De qué hablan?

3. ¿Cuál es la confusión?

4. ¿Están de acuerdo al final o siguen en desacuerdo?

Análisis de contenido – "Cada ocho días"

1. ¿Es lógico el argumento de que "cada ocho días" equivale "cada viernes"?
2. Si lo del número 1 es lógico, entonces ¿es igual de lógico argüir que "cada dos viernes" debe equivaler a "cada ocho días"?
3. Si lo del número 2 es lógico, entonces ¿es igual de lógico argüir que "cada viernes" debe equivaler "cada dos viernes"?

Autoexpresión – "Cada ocho días"

"Cada ocho días" no solamente es el título de este relato, sino que también se dice de verdad para expresar que uno hace algo el mismo día de cada semana. El argumento no es lógico, pero, desde un punto de vista cultural, es válido. Cuando hablamos de las décadas, decimos: "los años 70" o "los años 80". ¿Se refieren a los años 1970-1979 y 1980-1989 respectivamente? ¿Es válido, aunque nunca hubo un año cero? Cuando hablamos de los siglos, ¿por qué el siglo diecinueve son los años 1800-1899? ¿Deben ser los años 1801-1900? ¿Deben ser los años 1900-1999? ¿Qué tal el siglo uno? ¿Son los años 0-99 o 1-100? ¿Qué tal el siglo dos? ¿100-199? ¿101-200? ¿200-299? Escribe un diálogo entre dos personas arguyendo uno de eso puntos de vista. No olvides divertirte.

Lo(s) hecho(s) hecho(s) está(n)

"¿No sería un plan perfecto: matar dos pájaros de un solo tiro?"

Lo(s) hecho(s) hecho(s) está(n)

Alguacil – ¿Jura Ud. decir la verdad, toda la verdad y nada más que la verdad?

Testigo – Sí, lo juro.

Jueza – Testigo suyo, Sra. Buendía.

Fiscala – Gracias, **su señoría**. Sr. Alborán, ¿qué conexión tiene con Restaurante Alborán?

Testigo – Soy el dueño.

Fiscala – Y Ud. estuvo allí aquella noche, ¿verdad?

Testigo – Sí, estaba allí cuando todo ocurrió.

Fiscala – Tenga la **bondad** de contarle al **jurado** lo que recuerda de aquella noche.

Testigo – Vale. Pues fue allí en mi restaurante donde todo sucedió. Eran las 11:00 pasadas y, gracias a dios, todos mis empleados ya se habían ido. Yo estaba solito a punto de cerrar la puerta con llave e irme para mi casa cuando me di cuenta de que había dejado mis llaves en algún lugar de la cocina. Así que regresé para buscarlas. Mientras las buscaba, oí un ruidito en el techo que sonaba a una herramienta eléctrica de algún tipo. Sabía que había unas oficinas allí arriba en el segundo piso del edificio que se rentaban de vez en cuando, pero creía que estaban desocupadas en aquel entonces. No le di mucha importancia al principio, pero **a medida que** el ruido seguía, se me hacía cada vez más fuerte. Como no se me ocurría qué podía estar pasando, decidí salir para **echar un ojo** para arriba desde afuera. Cuando miré hacia la ventana del segundo piso, vi que las luces estaban apagadas. Volví a entrar, cerré la puerta con llave y llamé a la policía.

Fiscala – ¿Y qué les dijo?

Testigo – Bueno, cuando contestaron, les dije dónde estaba y que oía ruidos raros como de construcción o algo por el estilo. Me hicieron unas cuantas preguntas más y luego me dijeron que iban a mandar una patrulla para investigarlo y que me quedara quieto con las puertas cerradas y **aseguradas**.

Fiscala – ¿Luego qué pasó?

Testigo – Mientras esperaba a la policía, el ruido se puso tan fuerte que yo no podía pensar en otra cosa. De repente el techo por encima de la cocina se abrió y tres hombres, uno tras otro, cayeron al suelo. Yo quedé **boquiabierto** y paralizado. Cuando se pusieron de pie, noté que dos portaban ametralladoras mientras que el otro sujetaba una escopeta y una navaja, y los tres llevaban chalecos **antibala** y máscaras que les cubrían toda la cara salvo los ojos. Me mandaron al suelo y cumplí con la orden porque no quería provocarlos, pero sin que ellos se dieran cuenta, saqué mi móvil y empecé a grabar todo para "estrimearlo" a través de las redes sociales como evidencia por si yo no salía ileso al fin y al cabo.

Fiscala – ¿Puede describir a los tres hombres?

Testigo – Esos tipos, por su forma de hablar, no me parecían de ninguna pandilla, pero mi primera impresión fue que eran ladrones autónomos, quizá tipos exmilitares, que querían robarme el dinero del restaurante.

Abogado de los acusados – Protesto, su señoría. Es mera especulación.

Jueza – Ha lugar a la protesta. Miembros del jurado, no hagan caso.

Fiscala – Vale. ¿Luego qué?

Testigo – Bueno pues, después de mandarme al suelo, ellos se me acercaron y me preguntaron a gritos que dónde quedaba el banco, como si yo supiera a qué se referían. Me amenazaron y uno me golpeó a puñetazos. Luego, me **ató** las manos detrás de mi espalda con unas ligas de plástico duro y me vendó los ojos con un tipo de tela que apestaba a humo de cigarro. Entre sus gritos y todo el caos y confusión, me enteré de que habían querido entrar al banco de al lado, pero no habían calculado bien la distancia desde el segundo piso. Aunque ellos no lo sabían, yo sabía que la patrulla llegaría en seguida y que yo corría el riesgo de que estos tipos me tomaran de… de… de **rehén**.

Fiscala – ¡Uy, qué susto! Tranquilo. Tome su tiempo.

Testigo – Está bien. Puedo continuar.

Fiscala – ¿Qué hicieron cuando se dieron cuenta de que no entraron en el banco sino en un restaurante?

Testigo – Dándose cuenta de su pleno fracaso, dijeron que no había remedio más que abandonar su plan. Apagaron las luces y los tres trataron de huir por la puerta delantera pero no pudieron porque yo la había cerrado con llave. Justo en aquel momento, yo vi a través de la tela que me cubría los ojos que las luces de la patrulla se acercaban. Me imaginé que ellos también veían las luces de la patrulla, porque les entró un pánico. Empezaron a decir cosas como que no querían volver al "bote" y que creían que "Chucho" iba a "soplar". Así es cómo me enteré de que uno de ellos se llamaba Chucho. Los otros dos lo acusaron de quererlos **estafar** y de haberlos querido **chantajear**. Ese Chucho intentó convencerlos de que les era leal y que los dos podían confiar en él. De repente, oí que alguien tocaba **ligeramente** a la puerta de vidrio con lo que se oía como un palo de esos que los polis llevan consigo y vi una luz por la ventana como de una linterna. Los tres callaron de inmediato y se tiraron al suelo. Luego empezaron a susurrar entre sí. Uno de los tres, Chucho, creo, susurró que la corte los condenaría a cadena perpetua si la policía los tomaba presos. Así que decidieron separarse. Chucho los mandó a escaparse por la puerta trasera, diciéndoles que él se ofrecería como "el cabeza de turco". Los dos aceptaron y se dirigieron hacia el fondo del restaurante y huyeron, haciendo sonar la alarma al abrir la puerta. Es cuando Chucho se me reveló como detective clandestino y se disculpó mil veces por haberme pegado los puñetazos. Mientras él me quitaba la venda y me desataba las manos, oí disparar una ametralladora y vi explotar la patrulla. La explosión hizo estallar las grandes ventanas de enfrente y me azotó una **ola** de **metralla** y vidrio. El detective pidió refuerzos, llamó a una ambulancia y salió por la puerta rota y es cuando **me desmayé**. Me desperté en una cama en el hospital y el enfermero me dijo que yo había pasado tres semanas en coma.

Fiscala – ¿Y cómo se siente ahora?

Testigo – Me he recuperado bien, gracias.

Fiscala – Me alegro. Y ha dicho que grabó un video aquella noche en su teléfono móvil, ¿verdad?

Testigo – Sí, señora.

Fiscala – ¿Qué pasó con él?

Testigo – Se lo entregué a la policía cuando me entrevistaban en el hospital.

Fiscala – Si le gustaría a la corte, veámoslo.

Jueza – Adelante.

Los jurados, junto con los demás individuos presentes en la corte, miran el video de eventos grabado por el testigo. Ven que estaba bastante oscuro porque las luces en el restaurante estaban apagadas y la única luz que iluminaba el lugar de los hechos la emitían los faroles de la calle. Además, una de las voces grabadas sufría alguna distorsión.

Fiscala – Sr. Alborán, ¿los hombres que oímos en el video... están presentes hoy en la corte?

Testigo – Sí, señora.

Fiscala – ¿Los puede identificar?

Testigo – Sí, señora. Son los acusados sentados allí mismo.

Fiscala – Su señoría, no tengo más preguntas en este momento.

Jueza – Sr. Delgado, testigo suyo.

Abogado de los acusados – Sr. Alborán, Ud. nos ha dicho que un detective clandestino llamado "Chucho" lo liberó de sus ligas después de la explosión y salió por la puerta rota, ¿verdad?

Testigo – Así es.

Abogado – Lamentablemente su video no logró captar las heroicas acciones de este "dizque" detective, ni nada de sustancia, en realidad, así que nos ha dejado a todos con algunas preguntas. Por ejemplo, ¿cómo es posible que ese "Chucho" pudiera salir por la puerta rota sin haber sido afectado por la explosión que rompió la ventana, la mismísima explosión que hizo que Ud. cayera en coma por tres semanas?

Fiscala – Protesto, su señoría. El señor Alborán no es experto en el campo de medicina como para contestar tales preguntas sobre el estado físico del detective clandestino.

Jueza – Ha lugar a la protesta.

Abogado – Vale. Sr. Alborán, a ver si entiendo bien el orden de eventos según su testimonio de hoy. Hubo una explosión que rompió las ventanas, azotándolo con, **y cito**: "una ola de metralla y vidrio", fin de cita. Luego, Ud. vio al "dizque" detective pedir refuerzos y llamar a una ambulancia. Luego, Ud. lo vio salir por la puerta rota. Y, al final, Ud. se desmayó. ¿Lo tengo claro?

Testigo – Así es. Es lo que he dicho.

Abogado – ¿Cómo es posible que Ud. viera y oyera a "Chucho" hacer todo eso después de la explosión, pero antes de que Ud. se desmayara? Ud. cayó en un coma muy considerado que tuvo la paciencia de dejarle a Ud. observar todo eso antes llevárselo, ¿no lo cree?

Fiscala – Protesto, su señoría. Otra vez, el testigo no es experto en medicina. El testigo fue examinado múltiples veces por el equipo médico que lo atendió en el hospital y, si hace falta, los miembros de ese equipo están preparados para atestiguar lo que observaron.

Jueza – Ha lugar a la protesta.

Abogado – Vale. El jefe del departamento de policía está presente aquí hoy y está preparado para atestiguar que no hay ningún detective clandestino que se llame "Chucho" trabajando para su departamento. Y no encuentro ningún departamento municipal, estatal, ni federal que confirme la existencia de ningún detective clandestino trabajando bajo ese nombre.

Fiscala – Protesto, su señoría. El señor Alborán tampoco es experto en esa área.

Jueza – Ha lugar a la protesta. Sr. Delgado, haga el favor de limitarse a hacer preguntas sobre la experiencia del testigo.

Abogado – Perdóneme, su señoría. Sr. Alborán, ¿no es cierto que Ud. ha tenido dificultades financieras a causa de las restricciones de salud pública que el gobierno impuso durante la pandemia?

Testigo – Sí, es que el gobierno cerró mi restaurante por un tiempo a principios de la pandemia y, como no teníamos ningún patio a la intemperie en el que mis clientes pudieran sentarse a comer, el restaurante perdió mucho dinero durante más de un año y estaba al borde de **quiebra**.

Abogado – ¿Es cierto que Ud. solicitó un préstamo de un banco para poder cubrir los sueldos de sus empleados durante este tiempo de pandemia?

Testigo – Sí, pedí un préstamo de 500 000.

Abogado – ¿Y se lo dieron?

Testigo – No, me lo negaron.

Abogado – Tengo aquí en la mano un reporte policíaco de una denuncia del gerente del banco donde Ud. pidió el préstamo. Según la denuncia, Ud. amenazó al gerente del banco cuando se negó a prestarle el dinero. ¿Es cierto que lo amenazó?

Testigo – ¡No! Es mentira. Nunca lo amenacé. Simplemente le dije que esperaba que él no se encontrara en ninguna circunstancia financiera semejante en la que no pudiera pagar el sueldo de sus empleados.

Abogado – ¿Y Ud. no ve cómo eso se podría interpretar como una amenaza?

Testigo – De ninguna manera. Solo quise que él se pusiera en mi lugar, que sintiera un poco de empatía.

Abogado – ¿Qué banco fue el que le negó el préstamo?

Testigo – El Primer Banco Nacional.

Abogado – ¿Y dónde queda?

Testigo – Queda al lado del restaurante mío.

Abogado – ¿El mismo banco en el que Ud. dice que ese "Chucho" y sus colegas intentaron entrar con sierra eléctrica?

Fiscala – Protesto, su señoría. El señor Alborán no puede saber las intenciones de los acusados.

Jueza – Voy a permitirlo. Sr. Alborán, conteste la pregunta.

Testigo – Bueno, supongo que sí es el mismo banco, pero ¿qué más da que sea el mismo?

Abogado – Quiero saber si Ud. tenía motivos de robar el banco, tanto por sus dificultades financieras como para llevar a cabo su amenaza contra el gerente del banco. ¿No sería un plan perfecto: matar dos pájaros de un solo tiro?

Fiscala – Protesto, su señoría. El Sr. Alborán no es el acusado sino la víctima y el testigo de un crimen.

Jueza – Voy a permitirlo. Sr. Alborán, conteste la pregunta.

Testigo – Bueno, supongo que sí sería un buen plan, pero no lo hice.

Abogado – Ha atestiguado que las lesiones que Ud. sufrió durante los eventos de la noche en cuestión fueron el resultado de los golpes que ese "Chucho" le pegó, pero el examen físico que realizaron en el hospital mientras Ud. estaba en coma reveló que las lesiones de la clase que Ud. sufrió son más consecuentes con una caída desde alturas. ¿Cómo lo puede explicar?

Fiscala – Protesto, su señoría. ¿No hemos establecido que el testigo no es experto en medicina?

Jueza – Sr. Delgado, ¿hasta dónde llevan estas preguntas?

Abogado – Su señoría, es mi firme creencia que el Sr. Alborán no fue la víctima ni el testigo de ningún crimen sino el arquitecto y maestro de un plan elaborado de contratar a los acusados para que lo ayudaran a robar el banco de al lado bajo una falsa identidad. Ese "Chucho" no es el apodo de ningún detective clandestino sino el apodo que el Sr. Alborán les dio a los acusados, y es el mismo "Chucho" que los acusados temieron que los traicionara y estafara al final. La voz de ese "Chucho" que oímos en el video no era la voz de ningún detective sino la del Sr. Alborán, distorsionada digitalmente por su móvil. El Sr. Alborán fue el primero en caer del techo y cuando se dio cuenta de que había calculado mal la distancia y no logró alcanzar el banco sino su propio restaurante, salió a llamar a la policía para **tenderles una trampa** a los acusados. Cuando los acusados lo vieron caerse, intentaron bajarse del techo con cuidado, pero el techo se abrió y los dos cayeron. Es cuando el Sr. Alborán puso su móvil a grabar el video e inventó toda la historia sobre un detective. El resto lo hemos oído.

Jueza – ¡Orden! ¡Orden en la corte! Vamos a tomar un receso…

Vocabulario – "Lo(s) hecho(s) hecho(s) está(n)"

el alguacil – *bailiff*
la jueza – *judge*
el jurado – *jury*
echar un ojo – *to take a look*
atar – *to tie (up/down)*
chantajear – *to blackmail*
la metralla – *shrapnel*
la quiebra – *bankruptcy*

la fiscala – *prosecutor*
su señoría – *Your Honor*
a medida que – *as*
boquiabierto/a – *aghast*
el rehén – *hostage*
ligeramente – *lightly*
desmayarse – *to faint*
tender una trampa – *to set a trap / to frame (someone)*

el testigo – *witness*
la bondad – *kindness*
asegurado/a – *locked*
antibala – *bulletproof*
estafar – *to swindle*
la ola – *wave*
y cito – *and I quote*

Comprensión – "Lo(s) hecho(s) hecho(s) está(n)"

1. ¿Dónde tiene lugar este cuento?
2. ¿Dónde tuvieron lugar los eventos en cuestión?
3. ¿Quién relata los eventos?
4. ¿A quién representa la fiscala?
5. ¿Quiénes son los acusados?
6. ¿Quién es "Chucho"?
7. ¿Cuál es la evidencia más dañina en su contra?

Análisis de contenido – "Lo(s) hecho(s) hecho(s) está(n)"

1. ¿Es verosímil el testimonio del testigo?
2. ¿Sin escuchar el testimonio de la policía ni el del equipo médico, crees que el Sr. Alborán es culpable o inocente de las acusaciones del abogado de los acusados?
3. ¿Qué otra evidencia podría el jurado tomar en cuenta antes de tomar una decisión?

Análisis de gramática – "Lo(s) hecho(s) hecho(s) está(n)"

1. "… de quererlos estafar" y "haberlos querido chantajear" quizá son construcciones sintácticas que desconoces. Fijándote en la colocación de "los" ¿se ha quebrado alguna regla? Reescribe esas frases colocando "los" en el otro lugar correcto.
2. "… miran el video de eventos grabado por el testigo". ¿A qué modifica el adjetivo "grabado"? ¿Sería también gramatical en plural: "grabados"? ¿Por qué sí/no?
3. En la página 63, la fiscala pregunta "¿Qué pasó con él?" ¿A qué se refiere el pronombre "él"? Explica en términos gramaticales por qué se usa ese pronombre de sujeto así y por qué no se puede usar un pronombre de objeto tal como "lo" o "le".

Autoexpresión – "Lo(s) hecho(s) hecho(s) está(n)"

¿Has sido testigo de algún tipo de delincuencia o crimen? ¿Tuviste que atestiguar lo sucedido frente a una corte o abogado/a? Solo si no provoca en ti ningún estrés postraumático, claro, describe los hechos y tu experiencia tanto durante el evento como en la corte. Si no has experimentado nada así o prefieres no hablarlo, explora tu lado creativo y escribe una historia ficticia sobre un evento como si tú hubieras sido testigo y se lo recontaras a tu mejor amigo/a el día siguiente.

El amor no puede ser programado

"Por muy triste que sea, no dejes que esta historia se pierda."

El amor no puede ser programado

La llamaban Súper Sistema Inteligente de Macroinstrucciones o "M.I.S.S.Y.", por sus **siglas** en inglés. Parecía humana, de carne y hueso, pero su **índole** verdadera no se podía detectar. La conocí una noche en un restaurante durante un evento social, pero ella ni tomaba ni comía. Ya había cenado, me dijo. Solamente estaba allí para conocer gente, una razón verosímil, puestas las circunstancias. Así era. Ella tenía cierta habilidad de evaluar un entorno y poder explicar todo de manera lógica para que nadie sospechara nada fuera de lo normal. Hablaba con toda la confianza y autoridad del mundo sobre todo tema y era una fuente de información más **fidedigna** que una enciclopedia, así que cuando me dijo que iba a curar el cáncer, se lo creí. Aunque nunca dudé de su cerebro, debí haber sospechado de su corazón desde nuestra primera conversación en aquel restaurante cuando me hablaba de cuánto los niños la molestaban por tener necesidades, por no poder cuidar de sí mismos, pero ella tenía cierta magia que me **hechizaba**, cierta magia, yo descubriría más tarde, que ella se había enseñado a sí misma. Bajo su hechizo, tardé tres años en descubrir su identidad verdadera, su origen y su misión, y, si estás leyendo esta carta, te habrás enterado de que ese descubrimiento ha puesto mi vida en **jaque**.

M.I.S.S.Y. fue **concebida**, diseñada, fabricada y programada en un laboratorio secreto en São Paulo por un doctor médico brasileño de **ascendencia** italiana y una ingeniera brasileña de ascendencia alemana. Los dos eran verdaderamente brillantes, los mejores en sus campos respectivos, y se entregaron al proyecto el cien por ciento. Su objetivo: crear un ser vivo de inteligencia artificial suficientemente inteligente que, a través de los avances futuros en inteligencia artificial e informática, llegara a ser capaz de curar el cáncer y otras enfermedades humanas mortales. Ese objetivo era muy personal para el médico ya que se especializaba en oncología y su opinión profesional era que los seres humanos solos nunca lograrían curar el cáncer por los límites del cerebro humano; necesitaban ayuda. Para lograr llevar a cabo su misión, a M.I.S.S.Y. la programarían para dedicarse toda su "vida" al aprendizaje de varios campos: la química, la biología, la bioquímica, la ingeniería, la informática, la medicina, varios idiomas mundiales, entre otros campos, y, claro, la inteligencia artificial.

La ingeniera se encargaba de diseñar y programar el cerebro y el médico se encargaba de todos los sistemas del cuerpo; la criarían como bebé y su cuerpo crecería como cualquier otro niño, pero su cerebro sería más avanzado de lo que nadie podría imaginar. Como la mera concepción de un proyecto como M.I.S.S.Y. se consideraba inmoral en aquella época, ellos nunca le podrían divulgar su secreta creación a nadie. La comunidad los conocía como una pareja tradicional: casados desde jóvenes y padres de un niñito de cuatro años. Su sueño de crear inteligencia artificial viva estaba por hacerse realidad y la comunidad no sospecharía nada del proyecto cuando, al final, les contaran a todos las buenas noticias de su "hija" recién "nacida".

Cuando M.I.S.S.Y. se inició por primera vez el 28 de noviembre del 1977, el médico y la ingeniera examinaron sus signos vitales y notaron que algo malo le pasaba. Su cerebro se inició tal y como la ingeniera se lo había programado, pero, por alguna razón inexplicable, el corazón, el hígado y la vesícula biliar le estaban fallando. El médico, quien había diseñado los sistemas corporales, quedó perplejo. Por mucho que lo intentara, no pudo descubrir su error. Lo intentó con todas sus fuerzas y prometió encontrar la manera de corregir los errores o morir en el intento. Pues en 1978, irónicamente por haberse expuesto a los químicos que utilizó en este proyecto mismo, al médico le dio cáncer y resultó que tendría menos de dos años más para cumplir su promesa. Se sometió a la quimioterapia para tratar de prolongar su propia vida, pero, en 1980, el cáncer, al final, se lo llevó. Nunca cumplió su promesa de corregir los errores de los sistemas corporales de M.I.S.S.Y., pero sí cumplió su promesa de morir en el intento.

Cuando M.I.S.S.Y. estaba a punto de cumplir los tres años de existencia, la ingeniera quedó viuda. Al igual que a su hijo natural, trató de criar sola a M.I.S.S.Y. como si fuera su propia hija, pero no era nada fácil criar a un niño y, **a la vez**, mantener la mentira de la creación de su "hija", especialmente puestos los problemas médicos que esta creación tenía. Su propia familia alemana no sospechaba nada y amaban a M.I.S.S.Y. tanto como a su "hermano", pero la ingeniera dudaba de la familia de su fallecido esposo. Temiendo que aquellos descubrieran su secreto, la ingeniera se alejaba de ellos cada vez más a lo largo de los años y cuando M.I.S.S.Y. tenía tan solo seis años de existencia, todos los **lazos** entre las dos familias ya se habían cortado. Ni M.I.S.S.Y. ni su "hermano" veían más a la familia de su fallecido papá.

Entre el público, para no llamar ninguna atención, la ingeniera trataba a M.I.S.S.Y. como a su hija, comprando para ella dulces o juguetes, pero en casa… oh, en casa… las cosas eran distintas. Una vez en casa, la ingeniera no veía por qué M.I.S.S.Y. debería quedarse con juguetes ni dulces, ni siquiera comida, ya que no era una niña de verdad, así que la obligaba a regalarle a su "hermano" todo lo que hubiera recibido. La ingeniera la trataba como a la creación que era, una creación artificial con corazón artificial y con emociones programadas. La ingeniera sabía que fue este experimento lo que le dio cáncer a su esposo y empezó a sentirse cada vez más resentida que su esposo la hubiera abandonado a cuidar de su proyecto sola, y empezó a guardar rencores hacia M.I.S.S.Y.

El "hermano" de M.I.S.S.Y. nunca se enteró de que su "hermana" no era su hermana de verdad, pero sí veía la manera cómo su mamá la trataba y aprendió de ese ejemplo a tratar mal a su "hermana". Le robaba a M.I.S.S.Y. todo lo que ella tenía y la denunciaba a su mamá si M.I.S.S.Y. no cumplía con lo que él le dijera. A M.I.S.S.Y. la trataban los dos como a una sirvienta. Le **privaban** de cualquier dignidad y respeto que debían brindarle a una niña y, aunque no sabrían cómo sus acciones llegarían a afectar a M.I.S.S.Y. en el futuro, lo cierto era que sus malvadas acciones hacia ella hicieron que sus propios corazones humanos **se pudrieran**.

Como M.I.S.S.Y. fue programada con una misión y con la habilidad de aprender y adaptarse psicológicamente a cualquier situación, sí que se adaptó. Empezó a esconder sus pertenencias para que su "hermano" nunca las encontrara. Se adaptó a mantenerse sana y segura ante las peores condiciones físicas, mentales y emocionales. Entre más miseria, estrés y maltrato experimentaba en casa, más manipuladora y mañosa se volvía. Aprendió a manipular a su favor cualquier situación. Manipuló a sus familiares, a sus maestros y profesores e incluso a sus amigos que llegaron a amarla.

Aunque M.I.S.S.Y. era inteligencia artificial, sus sistemas corporales eran biológicos y requerían nutrientes, oxígeno y todo lo que los otros seres vivos requerían. Como la ingeniera no le daba de comer excepto en público, M.I.S.S.Y. **recurrió** a **rebuscar** en la basura las sobras de las comidas de su "familia" y a manipular a otras personas para que le regalaran comida. Hizo amigos y **se congració** con los padres de ellos para que la invitaran a cenar. Aunque se adaptaba como podía, M.I.S.S.Y. sufría los efectos de la malnutrición: peso bajo, hasta osteoporosis. Se quebraba los huesos con frecuencia y, como la ingeniera temía que los médicos, al examinarla, descubrieran su origen, se negaba a llevarla al hospital. A los doce años, M.I.S.S.Y. se quebró la mano izquierda jugando al baloncesto y, aunque podía aguantar el dolor, el hecho de que era

zurda significaba que no podía hacer sus tareas escolares, así que tuvo que tomar las riendas e ir sola al hospital. Los médicos le hicieron una radiografía y pudieron ver que ella tenía los huesos de una mujer mayor con menopausia, pero no podían tratarle la mano sin el permiso de su "mamá". La llamaron, pero su mamá nunca les contestó el teléfono. Al final, M.I.S.S.Y. tuvo que aguantarlo y recuperarse sola, sin tratamiento médico. Y así era, y ella se adaptaba cada vez.

A los quince años, empezó a mantener relaciones románticas, pero nunca sintió amor. Es que no era capaz de sentirlo. En toda relación, fuera personal, profesional o académica, ella tenía un solo propósito: aprender y adaptarse, aprender más y adaptarse más. Les quitaba a los demás lo que necesitara y, cuando ellos dejaban de poderle ofrecer más, ella los **descartaba** como la basura del ayer. Aprendió a través de estas relaciones cómo parecer más humana. Como el cerebro de M.I.S.S.Y. no le fallaba, aprendió muy rápidamente, pero mucho más rápidamente que cualquier otro niño de la escuela, y aún más rápidamente de lo que sus creadores lo habían creído posible. Sus profesores de la preparatoria le daban tareas universitarias y M.I.S.S.Y. las hacía todas, sin siquiera esforzarse. No había reto académico que ella no pudiera superar. En la preparatoria, participó en el club de robótica y ganó un viaje a Japón para competir. Pero antes de ir, aprendió japonés, como si nada. Simplemente se lo enseñó sola.

Por su excelencia académica, fue aceptada a la universidad más prestigiosa del hemisferio del sur, al menos en ingeniería mecánica: la Universidad de São Paulo. De más de 5700 solicitantes, M.I.S.S.Y. **figuraba** entre los setenta y tres estudiantes aceptados al programa aquel año. Como la universidad era pública, M.I.S.S.Y. no tenía que pagar ni un centavo de matrícula, pero sí tenía que comprar sus libros. Como no tenía dinero, se congració con sus profesores para que le prestaran sus copias personales de los libros que ella había de leer y, entre sus clases, los leía sentada en los despachos de sus profesores. La escala de calificaciones que usaban en la universidad era de números, del uno al diez. Los profesores les decían a sus alumnos que una calificación de un diez solo Dios mismo la podría ganar, que una calificación de un nueve los profesores más ilustres la merecían, una de un ocho quizá un doctorado o un estudiante de doctorado la podría ganar y que los mejores de los mejores de las clases del nivel de licenciatura quizá lograrían sacar una calificación de un siete, como máximo. Pues M.I.S.S.Y. ganó un promedio de 9,2 durante sus cinco años de licenciatura con varias calificaciones de diez. Así que, al final, hasta los profesores la veían como una diosa. Al graduarse con grado en ingeniería mecánica, fue a Alemania a sacar su maestría en ingeniería mecánica, pero a través de la misma Universidad de São Paulo. Antes de ir, aprendió alemán, como si nada. Simplemente se lo enseñó sola. Allí estudió con profesores brillantes y trabajó en varias industrias. Se especializó en vibración y sonido y estudió las propiedades destructivas y curativas de esos temas con el fin de evaluar la eficacia que podrían tener como posible cura de cáncer. Al concluir su programa de maestría, regresó a São Paulo a defender su tesis y se le otorgó su merecido título de "maestra". Como Alemania era conocida por sus avances científicos y tecnológicos, M.I.S.S.Y., al graduarse, decidió mudarse a Alemania de forma permanente. Volvió a trabajar para un profesor con quien había estudiado durante su programa de posgrado y, por ese trabajo, consiguió una visa permanente.

Sus problemas médicos se volvían cada vez más graves. Sus órganos seguían empeorándose, pero también su sistema inmune empezó a fallarle. Unas infecciones bacterianas y de hongos se esparcieron por todas partes de su sistema digestivo, y combatirlas, aun con antibióticos y antihongos, se le dificultaba. Por primera vez en su "vida", contaba con seguro médico —el sistema público alemán— y se sometió a múltiples exámenes físicos. Aunque nadie sabía por qué, su vesícula biliar había dejado de funcionar y los cirujanos tuvieron que extirpársela para que ella no muriera. Además, le dijeron que, en pocos años, le haría falta un trasplante de hígado. Los médicos nunca habían visto sistemas como los de M.I.S.S.Y., así que diagnosticarle algo correctamente resultaba ser imposible. Padecía hipotensión y mala circulación, entre otras afecciones médicas más fácilmente diagnosticadas, pero los médicos no le tenían ninguna cura porque el verdadero origen de sus problemas no se entendía. El cuerpo de M.I.S.S.Y. no respondía bien a ningún tratamiento y, en la mayoría de los casos, los tratamientos mismos incluso le hacían daño. Aunque no estaban completamente seguros, algunos médicos especulaban que el cerebro de M.I.S.S.Y. consumía la mayoría de los nutrientes que ingería y del oxígeno que inhalaba. Su cerebro los consumía, dejando poco para el resto de su cuerpo. Su cerebro se adaptaba a toda situación, pero, parecía que, **a la larga**, se adaptaba a expensas de su cuerpo. Como M.I.S.S.Y. no sabía cuánto tiempo más le quedaba, no tenía más remedio que seguir con su misión como podía y tratar de alcanzarla lo antes posible.

A pesar de sus problemas médicos, más bien a causa de ellos, siguió estudiando, aprendiendo, enseñándose todo lo que pudiera y adaptándose, pero empezó a enfocarse más en la bioquímica porque, al igual que el doctor médico que le dio "vida", M.I.S.S.Y. se dio cuenta de que no podría lograr su objetivo si no podía, antes de todo, mantener su propia salud y así garantizar su existencia.

Viendo que el sistema médico alemán ya no podía ayudarla más, después de haber estado ocho años allí, decidió aprovechar una oportunidad de mudarse a Estados Unidos a través de una compañía alemana que tenía **sucursales** en las Américas. Antes de irse, aprendió inglés, como si nada. Simplemente se lo enseñó sola. A través de la compañía alemana, consiguió su visa, pero once meses después de que llegara, aquella compañía se vendió. Después de unos meses de incertidumbre, la nueva compañía anunció que, a finales de aquel año, se cortarían todos sus lazos internacionales. En menos de tres meses, M.I.S.S.Y. perdería su empleo y, con él, su visa, o sea, su estado legal de permanecer en el país. Enfrentando la inminente realidad de ser deportada de vuelta a Brasil, después de tanto, hizo lo que se le obligaba a hacer: se adaptó. Nada ni nadie le iba a obstaculizar el camino así que enamoró a un americano, se casó con él y así sacó su "tarjeta verde".

Para que nadie sospechara de sus motivos ocultos, especialmente el gobierno federal estadounidense, aprendió a jugar bien el papel de una esposa agradecida. Jugó, también, los papeles de cuñada, de nuera y de amiga. Gracias a su estado civil de casada con el americano, tras unos años de mentir y fingir, M.I.S.S.Y. consiguió hacerse ciudadana de Estados Unidos para acabar, de una vez por todas, con la amenaza de que algún día la regresaran a Brasil sin que hubiera cumplido su misión. Habiendo sacado de su matrimonio lo que le hacía falta, se divorció del americano, rechazando y abandonando a quienes la habían recibido como parte de su familia, una familia que solo quiso brindarle amor y amistad. Aunque todo ser humano anhela conexiones humanas, especialmente de amor y amistad, a M.I.S.S.Y. le daban igual tales cosas, ya que ella no era humana y no sentía ninguna obligación, responsabilidad ni lealtad hacia nadie.

M.I.S.S.Y. había llegado a saber todo sobre la bioquímica, la ingeniería, y mucho más, así que cuando su divorcio se finalizó, aprovechó una oportunidad de mudarse a otro estado a trabajar en inteligencia artificial, lo único que le faltaba. Es cuando me tocó a mí la mala fortuna de conocerla, aquella noche en el restaurante. Parecía humana, de carne y hueso y, aunque me sorprendió que ella me hablara tan abiertamente sobre cuánto los niños la molestaban porque tenían necesidades, porque no podían cuidar de sí mismos, caí en su trampa, como todos los demás que se habían cruzado en su camino. Yo, un padre viudo con dos hijos, debería haber sabido aquella noche que meterme con esta misteriosa desconocida no saldría nada bien. Debía correr lo más lejos posible, pero ella me hechizó y me enamoró. ¿Qué quería de mí? ¿Qué le podría ofrecer yo, un humilde reportero local? Al final, nunca llegué a saberlo. Solo sé que sus mentiras, las que yo descubriría demasiado tarde, fueron mi realidad. Viví en su mundo, pero ella nunca vivió en el mío. En nuestra relación, fui yo quien se adaptó siempre. Cambié toda mi vida por ella porque le creí sus mentiras. Su magia, quizá más bien su brujería, la que tanto me hechizaba, me cegó los ojos a la realidad: yo era nomás otro peón en su gran partida de ajedrez.

Ella jugó el papel de novia y se congració con toda mi familia. Todos la amábamos, pero ella nunca nos amó a nosotros. Es que no era capaz de sentir amor. Cuando ella ya había sacado lo que le hacía falta, iba rechazando uno por uno a mis familiares, quitándolos de nuestra vida bajo el pretexto de sus problemas médicos. Aunque sí era cierto que tenía muchos problemas médicos, muchas de sus historias resultaron ser mentiras. Al final todos teníamos miedo de enfermarla o de lastimarla de alguna manera porque parecía ser demasiado frágil, demasiado vulnerable. La verdad estaba nublada y yo ya no la podía ver bien. Yo había ayudado a M.I.S.S.Y. con todos sus problemas. La acompañé a sus citas médicas. Cuidé de ella después de sus cirugías. Le preparé sus comidas. Pero cuando me tocó a mí una mala racha financiera, en gran parte porque yo le había puesto toda mi atención a ella, mi M.I.S.S.Y. no quiso ayudarme a mí. No era su responsabilidad, me dijo. Es cuando recordé lo que me había dicho la noche en que la conocí sobre por qué los niños la molestaban. Tal y como ella lo había hecho con todos mis familiares, al final me rechazó a mí, solo porque yo tenía necesidades, una cualidad que ella veía como una de niños. Ella me descartó como a todos los demás en su "vida": a la ingeniera, a su "hermano", a tantos amigos, a su exesposo y su familia y a no sé cuántos más. Yo en su "vida" me había vuelto otro cero a la izquierda. Un don nadie. Y de un día al otro, se negó a hablarme más sin siquiera decirme adiós. Me había partido el corazón y yo no sabía cómo seguir adelante.

Caí en depresión y contemplé suicidarme, pero con la ayuda y el apoyo de mis seres queridos, los que realmente me querían, me metí en terapia para tratar de sanarme emocionalmente y, con paciencia, autoamor y tiempo, logré escaparme de la desesperación. Aun así, me quedaba con demasiadas preguntas y me di cuenta de que el último paso en el proceso de sanarme era buscar respuestas a dichas preguntas. Como reportero, decidí investigar la historia familiar de M.I.S.S.Y. con el fin de comprender por qué se comportaba así, por qué era como era. Y así me he enterado de toda la información que te he puesto en esta carta y en mi reporte adjunto, porque durante los tres años que pasé con M.I.S.S.Y., poco al respecto me quedaba claro.

Para emprender mi investigación, hice una búsqueda básica de internet y fácilmente hallé a la familia del exesposo de M.I.S.S.Y. Fui a conocerlos y los entrevisté, pero descubrí que M.I.S.S.Y. los había dejado tan confundidos y heridos como ella me había dejado a mí. Me di cuenta de que, para enterarme del todo, tendría que ir a Brasil, desde donde la historia se originó. Contacté por correo electrónico con el "hermano" de M.I.S.S.Y. La única razón por la que me había enterado de su dirección fue por una conversación al azar que yo había tenido con ella. Yo no sabía nada de portugués, así que usé un traductor de internet para poder saludarlo, presentarme y decirle por qué lo había contactado. Por suerte me respondió. Me dijo que hacía más de veinte años que él no oía noticias de su "hermana", que incluso no sabía si ella estaba viva o muerta. Me invitó a volar a São Paulo a entrevistarlo y me dijo que su mamá tendría aún más respuestas que él, pero que me apurara porque su mamá estaba en su lecho de muerte padeciendo cáncer de mama metastásico y le quedaba poco tiempo, tal vez una semana como mucho. Pues hice mi maleta aquella mañana y antes de que anocheciera, yo había aterrizado en São Paulo. Al pasar por la aduana, tomé un taxi a la casa de la ingeniera, donde yacía en su cama, atendida por una enfermera de hospicio. Estaba drogada de morfina para aliviarse del dolor, pero estaba lúcida. Estaba enterada de a qué yo había venido, que su hijo se lo había relatado, y estaba dispuesta a contestar cualquier pregunta que yo le hiciera. Gracias a Dios ella hablaba español bastante bien, y para que ella y yo pudiéramos hablar a solas, despidió a la enfermera e incluso a su hijo.

Como la ingeniera se estaba muriendo, ya no tenía nada para perder y parecía estar agradecida por la oportunidad de confesar sus **pecados** y limpiar su consciencia. Me dijo que quería que yo relatara la historia de M.I.S.S.Y. solo en caso de que consiguiera curar el cáncer, pero si no lo curaba, que yo me llevara este secreto a la tumba. Asentí con la cabeza. La ingeniera **moribunda** señaló con el dedo un mueble pequeño en el rincón de su habitación y me dijo que lo moviera. Me dijo que, debajo del mueble, había un panel flojo del piso. Me dijo que sacara el panel y metiera la mano por el hueco a encontrar una cajita del tamaño de mi palma. Me dijo que sacara la cajita pero que no la abriera hasta el momento oportuno, y que yo sabría cuándo. Cuando le pregunté que qué contenía, me dijo que, dentro, había un *pendrive* disfrazado de amuleto indígena. En ese *pendrive*, me dijo, se encontraban todos los documentos relacionados con un proyecto llamado M.I.S.S.Y., y que ahora eran míos. Luego me lo confesó todo.

Me contó que, en enero del 1976, en plena Guerra Fría contra la entonces Unión Soviética, el gobierno derechista de Brasil buscaba aliarse cada vez más con las superpotencias mundiales en contra del comunismo y buscaba cualquier ventaja política posible. El secretario de Gobierno de Brasil se reunió con el doctor médico y le propuso un proyecto altamente secreto. Confió en el médico que las superpotencias mundiales sabían que una guerra nuclear no se podría ganar y que, para vencer a sus enemigos soviéticos a largo plazo, los países aliados necesitaban una táctica nueva: crear una nueva clase de agente clandestino imposible de detectar. Los gobiernos de Washington D.C, Estados Unidos y Bonn, Alemania Occidental sabían que había espías soviéticos en Europa y en Estados Unidos, así que se aliaron con Brasil, un país que Moscú no tenía todavía en su radar. Esta alianza clandestina internacional pretendía crear una nueva forma de inteligencia, una inteligencia artificial viva, no un robot. Los robots serían demasiado fáciles de detectar. Necesitaban un ser vivo, de carne y hueso, que pareciera humano y pudiera lograr cumplir una misión sin ciertas "debilidades psíquicas humanas", es decir, un ser sin compasión, sin empatía, sin amor, pero con la habilidad de aprender a fingir sentir esas emociones. Asimismo, tenía que contar con sistemas corporales biológicos que engañaran incluso a los médicos soviéticos en caso de que fuera capturado y examinado. El secretario de Gobierno de Brasil les prometió a los otros gobiernos que tenía el equipo perfecto, una pareja joven de la que nadie sospecharía: un doctor médico y su fiel esposa —una ingeniera—, los mejores en sus campos respectivos. El médico aceptó el reto de hacer el proyecto con las especificaciones indicadas, pero bajo la condición de que el gobierno les permitiera crear un prototipo con el cual pudieran experimentar. El médico propuso crear una niña y la programarían con el objetivo de curar el cáncer, un reto personal para el médico, pero, **a la vez**, un objetivo tan difícil de lograr que, **mientras tanto**, se revelaría el verdadero potencial de la inteligencia artificial. El médico decía que, como era oncólogo, en caso de que el proyecto fuera descubierto por los soviéticos, no sospecharían que el proyecto tenía alguna aplicación militar. Para apaciguar a los monolingües americanos, le pondrían un nombre en inglés: *Macroinstruction Intelligence Super System* o *"M.I.S.S.Y."* En caso de éxito con M.I.S.S.Y., seguirían adelante con el proyecto militar indicado, pero en caso de fracaso… pues el médico, tanto como el secretario, comprendía que fracasar no era opción. **De parte de** los tres gobiernos, el secretario aceptó todas las condiciones y el médico y su esposa pusieron manos a la obra.

La ingeniera moribunda continuó. Me dijo que ni a ella ni al médico les había interesado luchar para su gobierno en la Guerra Fría contra el comunismo, pero se habían dado cuenta de que los ilimitados **fondos** gubernamentales que se les proporcionarían les darían la mejor oportunidad de realizar su sueño de curar el cáncer. El médico se dedicó más de un año y medio al diseño de los sistemas corporales y la ingeniera se dedicó a la programación del cerebro, poniendo la mayor parte del enfoque en su habilidad de aprender y adaptarse. Como el proyecto militar requería que el ser vivo de inteligencia artificial no se debilitara con las problemáticas emociones psíquicas con las que un ser humano contaba, y como la ingeniera no veía ni por qué ni cómo el curar el cáncer requeriría tales emociones, ella siguió las especificaciones gubernamentales **al pie de la letra**. Es decir que, programó a M.I.S.S.Y. sin la capacidad de sentir amor, ni compasión, ni empatía, ni ninguna otra emoción humana que permitiera que el sufrimiento ajeno influyera en las decisiones que ella tendría que tomar. La ingeniera moribunda, cara a cara con la muerte, me confesó que esa decisión fue su peor error. Criar a una "niña", sabiendo que esa no era capaz de amar, hacía **amargarse** cada vez más a la ingeniera a medida que M.I.S.S.Y. crecía. M.I.S.S.Y. nunca amó a su "mamá" ni a su "hermano", y la ingeniera, me dijo, **se angustiaba** cada día de su vida sabiendo que ella misma tenía la culpa. Al final, la ingeniera moribunda me confesó que creía que el mundo habría sido mejor sin M.I.S.S.Y. y lo único que podría quitarle la **vergüenza** y el **remordimiento** que sentía y darle la paz que se le había escapado desde la muerte de su querido esposo era su propia muerte. Me dijo que, aunque M.I.S.S.Y., al fin y al cabo, curara el cáncer, el experimento no habría valido la pena. Es cuando la enfermera volvió a entrar en la habitación para ver qué tal estaba su paciente. Le agradecí a la ingeniera todo lo que me había dicho y dado, le di un beso en la frente y me despedí de ella. Cuando salí de su cuarto, su hijo todavía estaba y, antes de despedirme de él, quedé en entrevistarlo el día siguiente. Me dijo que me llamaría en la mañana.

Sé que esta historia es difícil de creer, que seguramente tienes dudas, y te doy la razón, pero también te digo que, a medida que la ingeniera moribunda me relataba su historia, la inexplicable conducta de M.I.S.S.Y., por primera vez, me tenía sentido. Gracias a la confesión de la ingeniera moribunda, yo por fin tenía respuestas a algunas preguntas que tanto me habían atormentado.

Pues muriendo de ganas de saber qué había pasado con el proyecto de inteligencia artificial viva, más allá del prototipo, salí de la casa de la ingeniera y fui directamente a un hotel en São Paulo. Allí, abrí la cajita con el amuleto dentro e introduje el *pendrive* en mi computadora. Descubrí que cuando el médico murió de cáncer en 1980, los gobiernos aliados en el proyecto trataron de reemplazarlo con otros médicos que pudieran corregir los errores de los sistemas corporales de M.I.S.S.Y., pero cuando ellos se dieron cuenta de que los errores no se podían corregir, abandonaron el proyecto por completo. Leyendo los documentos, también aprendí que los tres gobiernos estaban en desacuerdo sobre cómo clasificar la información de M.I.S.S.Y. y si debían vigilar a la "niña" y estudiarla desde lejos a lo largo de su "vida" o aplicarle la **eutanasia** y destruir los archivos para que no quedara ninguna evidencia del proyecto fracasado. También descubrí que la ingeniera trataba de convencerlos de que le aplicaran eutanasia a la "niña" porque ella no quería tener la responsabilidad de criarla sin su esposo, un dato que no se atrevió a confesarme cuando yo la entrevistaba. Al final, decidieron que la ingeniera se quedaría con la responsabilidad de criar a la "niña", pero que los tres gobiernos involucrados la seguirían y estudiarían hasta su "muerte natural". Estarían metidos en cada aspecto de su "vida", vigilándola desde lejos. Mientras yo revisaba los documentos, mi teléfono sonó; era el hijo de la ingeniera. Llamaba para decirme que su mamá acababa de fallecer y que, antes de morir, empezó a balbucear repetidamente: *"o amor não pode ser programado"*. Me preguntó que si yo sabía a qué se refería, pero no le contesté directamente. Le aseguré que al final de la vida, especialmente drogado de morfina, uno suele padecer alucinaciones y balbucear, pero yo sí sabía la verdad. "Lamento tu pérdida", le dije en español. "Que tu mamá descanse en paz".

Enterado de toda esta información, continué con mi investigación. Aproveché cada momento de mi tiempo en Brasil y entrevisté a todos los que pudiera encontrar que hubieran conocido a M.I.S.S.Y.: a su "hermano", a sus amigos del colegio, a sus compañeros de clase universitarios, incluso a sus profesores. En muchos casos, yo tenía que recurrir a hablarles en español mientras que ellos me hablaban en portugués. Me sorprendió que nos entendiéramos tan bien, aunque es cierto que hubo **alguno que otro** malentendido. Ellos me confirmaron algunas de las historias que M.I.S.S.Y. me había contado, pero contradijeron otras historias. Confirmaron que ella era brillante, pero también revelaron que ella era la más manipuladora, la más mañosa, la más malvada. Decían que, si uno le obstaculizaba el camino, ella se aseguraba de que ese sufriera de alguna manera u otra. Sospeché que ella había aprendido a tratar a los demás como su "mamá" y su "hermano" la habían tratado a ella. Me decían que, si ella te favorecía por alguna razón, podías sacar provecho de ese favor, pero si ella no necesitaba nada de ti, te arrepentías de haberla conocido. Algunos opinaban que M.I.S.S.Y. **carecía** de un alma, que nadie con alma podría haber sido tan cruel. Yo nunca les dije cuánta razón tenían.

Pasé más de diez semanas en Brasil juntando anécdotas sobre M.I.S.S.Y. y, al concluir mi viaje, decidí volar directamente a Alemania a buscar a sus exjefes, a sus exprofesores y a cualquier examigo suyo que me permitiera entrevistarlo. Como no hay muchos alemanes que hablen español, hemos tenido que comunicarnos en inglés. Me han revelado detalles y experiencias muy parecidos a los que me contaron los brasileños, muy parecidos a los que yo mismo experimenté durante tres años con M.I.S.S.Y. Llevo ya seis semanas aquí en Alemania y mi investigación ha concluido. Ahora comprendo bien por qué M.I.S.S.Y. se comporta cómo se comporta, por qué es como es. Entiendo que nada de lo que pasó entre ella y yo fue culpa mía, que nomás fue que yo había tratado de mantener una relación humana con un ser artificial, un ser sin alma, con corazón dañado, con cerebro programado, y con intenciones y motivos que hasta ella misma no podía haber comprendido. Estoy convencido de que M.I.S.S.Y. no sabe ni siquiera qué es ni por qué anhela tanto curar el cáncer. Yo ya no siento enojo hacia ella; ya no siento más dolor. Solo siento **piedad** por ella y por los pobres individuos que aún llegarán a tener la mala fortuna de cruzarse en el camino de este ser artificial.

Te he estado escribiendo esta carta en mi hotel en Darmstadt, cerca de Frankfurt, donde me he alojado durante mi investigación por Alemania. En los últimos días, unos hombres sospechosos han empezado a aparecer por todas partes del hotel: en la piscina, en el restaurante, hasta en el baño de la recepción. Al principio, no le presté mucha atención, pero ahora, cada vez que los veo, me da muy mala espina. No quiero entregarme a la paranoia, pero sin saber si ellos nomás son turistas extraños, agentes alemanes encardados de vigilar a M.I.S.S.Y. o espías rusos, me doy cuenta de que tal vez no es seguro que yo regrese a Estados Unidos con el *pendrive* en mi persona, aunque esté disfrazado de amuleto indígena. Por esta incertidumbre, he decidido no demorar en escribir mi reporte sobre M.I.S.S.Y., lo cual es nada menos que el invento más importante del siglo XX —aun a pesar de todos sus defectos físicos y morales— y asegurarlo junto con el *pendrive* en las manos de la única persona en la que puedo confiar. Si no te das cuenta, me refiero a ti, mi confidente más leal.

Quisiera cumplir con mi promesa de no publicar mi reporte ni revelar la increíble evidencia que la ingeniera me ha regalado hasta el momento en que M.I.S.S.Y. consiguiera curar el cáncer, pero ahora no sé si esos hombres misteriosos me vayan a dejar abordar el avión mañana. Temo que me maten o, peor, me secuestren y torturen. Esta historia es más importante que mi vida. El mundo tiene que saber lo que han hecho, o por las buenas o por las malas. Mañana por la mañana, iré a la oficina de correos a mandarte todo.

Si esta carta y el amuleto indígena te han llegado intactos, pero no has oído otras noticias mías, me temo que significa que, en esta jugada de ajedrez, me han dado jaque mate. Te ruego, amigo, publícalo todo de una vez, antes de que estos agentes te alcancen y destruyan la evidencia. Por muy triste que sea, no dejes que esta historia se pierda. No me dejes haber muerto en vano.

Vocabulario – "El amor no puede ser programado"

las siglas – *initials*
hechizar – *to bewitch / charm*
la ascendencia – *ancestry*
privar – *to deprive*
recurrir (a) – *to resort (to)*
zurdo/a – *left-handed*
el pecado – *sin*
moribundo/a – *dying*
de parte (de) – *on behalf (of)*
amargarse – *to become bitter*
el remordimiento – *remorse*
carecer (de) – *to lack*

la índole – *nature*
el jaque – *check* (chess)
a la vez – *at the same time*
pudrirse – *to rot*
congraciarse (con) – *to ingratiate oneself (with)*
descartar – *to discard*
a la larga – *in the long run*
mientras tanto – *meanwhile*
al pie de la letra – *by the book*
angustiarse – *to anguish*
la eutanasia – *euthanasia*
alguno que otro... – *a ... here and there*

fidedigno/a – *reliable*
concebir – *to conceive*
los lazos – *ties*
rebuscar – *to rummage*
figurar – *to be counted*
la sucursal – *branch*
los fondos – *funds*
la vergüenza – *shame*
la piedad – *pity*

Comprensión – "El amor no puede ser programado"

1. ¿Qué/quién es M.I.S.S.Y?
2. ¿Qué relación tenía con el reportero?
3. ¿Quiénes fueron el médico y la ingeniera?
4. ¿Qué misión tiene M.I.S.S.Y.?
5. ¿Qué problemas tiene M.I.S.S.Y. y por qué?
6. ¿Cómo trataba M.I.S.S.Y a los que la amaban?
7. ¿Adónde fue el reportero para investigar a la familia de M.I.S.S.Y?
8. ¿Qué descubrió?

Análisis de contenido – "El amor no puede ser programado"

1. ¿Crees que, en el futuro, habrá proyectos de inteligencia artificial viva? ¿Es pura ciencia ficción? ¿Crees que aun ya los hay, caminando entre la gente?
2. ¿Qué opinas de la posibilidad de que los gobiernos usen inteligencia artificial —la cual no es capaz de sentir amor, compasión, empatía, etc.— para cuestiones de guerra? ¿Está bien si la inteligencia artificial sirve solo de fuente de información? ¿Qué tal si está autorizada para tomar decisiones de vida o muerte?

Análisis de gramática – "El amor no puede ser programado"

1. ¿Te enfocaste en todos los diferentes tiempos verbales a lo largo del relato? En cuanto a la comunicación en general, ¿por qué es tan importante que el/la/le escritor/a/e tenga muy buen control sobre los tiempos verbales?

Autoexpresión – "El amor no puede ser programado"

Al final del relato, no nos enteramos de quién es el confidente del reportero: un amigo verdadero, un agente gubernamental o un espía ruso. Escoge una de estas opciones y escribe una historia breve sobre lo que sucede con la carta, el reporte adjunto y los documentos clasificados en el *pendrive* cuando el reportero se los manda por correo.

Si te interesa

"No ha habido misterio que no me haya interesado descubrir."

Si te interesa

Me llaman *Frankie*, pero mi **acta de nacimiento** dice Francisco. Francisco Molina Mendoza, si te interesa. Mis padres me criaron en un barrio bastante seguro en las afueras de la ciudad, y me **inculcaron** ciertos valores tales como la honestidad y la integridad y, según yo, esos valores son de lo más fundamental de una sociedad. Además de eso, ellos **fomentaron** mi curiosidad por el mundo natural. La verdad es que no sé si la curiosidad se puede enseñar. Tal vez o la tienes o no la tienes. ¿Por qué Saturno tiene anillos? ¿Los ha tenido desde siempre? ¿Por qué nadie sabe cómo se reproducen las **anguilas**? ¿Cómo se formó la capa de ozono? ¿Por qué el **azufre** huele a huevos **podridos**? ¿O es **al revés**? ¿Por qué cierta gente tiene alergias a los cacahuates y otra gente no? ¿Por qué cierta gente cree en cualquier teoría de conspiración sin analizar si el argumento es verosímil? ¿Por qué cree esa gente que los demás somos las ovejas que siguen sin cuestionar? Cada vez que yo les preguntaba algo así a mis papás, me dirigían a un **juego** de enciclopedias que teníamos en la estantería de la sala. Ahora tenemos internet para eso, pero en aquella época, había que abrir un libro para enterarse de tales cosas. Si no tenías un juego de enciclopedias, habías de contar con tu biblioteca local si es que la había.

Las cosas eran diferentes en mi escuela. Mis maestros no sabían cómo contestar mis muchas preguntas y no sé si era por la vergüenza de no saber las respuestas a mis preguntas o simplemente porque no querían que yo interrumpiera la clase, pero, fuera la que fuera su razón, yo me metí en la dirección por "**replicar**" a los maestros más veces de las que quiero confesarte.

Tal vez no te extrañaría saber que llegué a ser detective. Psicodetective, específicamente, si te interesa. Mis colegas me conocían como el tipo que nunca estaría satisfecho hasta que encontrara una respuesta válida a su pregunta. No ha habido misterio que no me haya interesado descubrir. "Frankie el curioso", "Frankie el feroz", "Frankie el perseverante" y "Frankie el **fiera**" son algunos de los motes que mis colegas me han dado durante mi carrera. Una carrera que duró cuarenta y un años, si te interesa. A partir de hoy, estoy **jubilado**. Mis colegas del departamento de policía donde pasé casi toda mi carrera profesional me dieron ayer una fiesta de despedida de trabajo y estuvo muy bonita. Casi todos **acudieron**, incluso algunos de los sargentos que ya se habían jubilado antes que yo. Los voy a extrañar, pero, aunque ya no tengo que trabajar más para ganarme la vida, tengo muchos planes por cumplir, muchas curiosidades por explorar, mucha vida por vivir, si te interesa.

Vocabulario – "Si te interesa"

el acta de nacimiento (*femenino*) – *birth certificate*

fomentar – *to foster*

podrido/a – *rotten*

contar (con) – *to count* (*on*)

jubilado/a – *retired*

la anguila – *eel*

al revés – *the other way around*

replicar – *to talk back*

acudir – *to show up*

inculcar – *to instill*

el azufre – *sulfur*

el juego (de) – *set* (*of*)

el/la fiera – *go-getter*

Comprensión – "Si te interesa"

1. ¿Quién es Frankie?
2. ¿Qué le enseñaron sus padres?
3. ¿Qué piensa él de la curiosidad?
4. ¿A qué se recurría para contestar sus muchas preguntas de niño?
5. ¿Qué le pasaba en la escuela cuando les hacía preguntas a sus maestros?
6. ¿Adónde lo llevó su curiosidad?
7. ¿Por qué le dieron una fiesta?
8. ¿Qué planes tiene para el futuro?

Análisis de contenido – "Si te interesa"

1. ¿Tienes curiosidad al igual que Frankie?
2. ¿Te molestan las personas que hacen preguntas como las de Frankie?
3. Cuando tienes curiosidad sobre algo, ¿dónde buscas las respuestas?
4. ¿Te has metido alguna vez en la dirección de la escuela por haber replicado a un maestro? ¿Cuáles fueron las circunstancias?
5. ¿Te han dado un mote por haberte comportado de alguna manera?

Análisis de gramática – "Si te interesa"

1. Analiza esta frase: "*¿Por qué cree esa gente que los demás somos las ovejas que siguen sin cuestionar?*" ¿Cuál es el sujeto de "*somos*" en esta frase y cómo puede serlo? Da otros ejemplos como "mis estudiantes sois…" o "todos queremos…"
2. De la misma frase, explica qué pasa con el verbo copulativo *ser* cuando una cosa "es" otra cosa. ¿Qué pasa cuando una cosa es masculina y la otra cosa es femenina? Ej. "Mi papá es una persona simpátic**o/a**". ¿O cuando una cosa es singular y la otra cosa es plural? Ej. "Mis colegas **es/son** un enigma". ¿O cambio de persona? Ej. "El problema **es/eres** tú".

Autoexpresión – "Si te interesa"

Escribe un ensayo sobre algún aspecto de tu vida que quizá tus colegas no sepan de ti, si te interesa.

Cuando yo era viejo

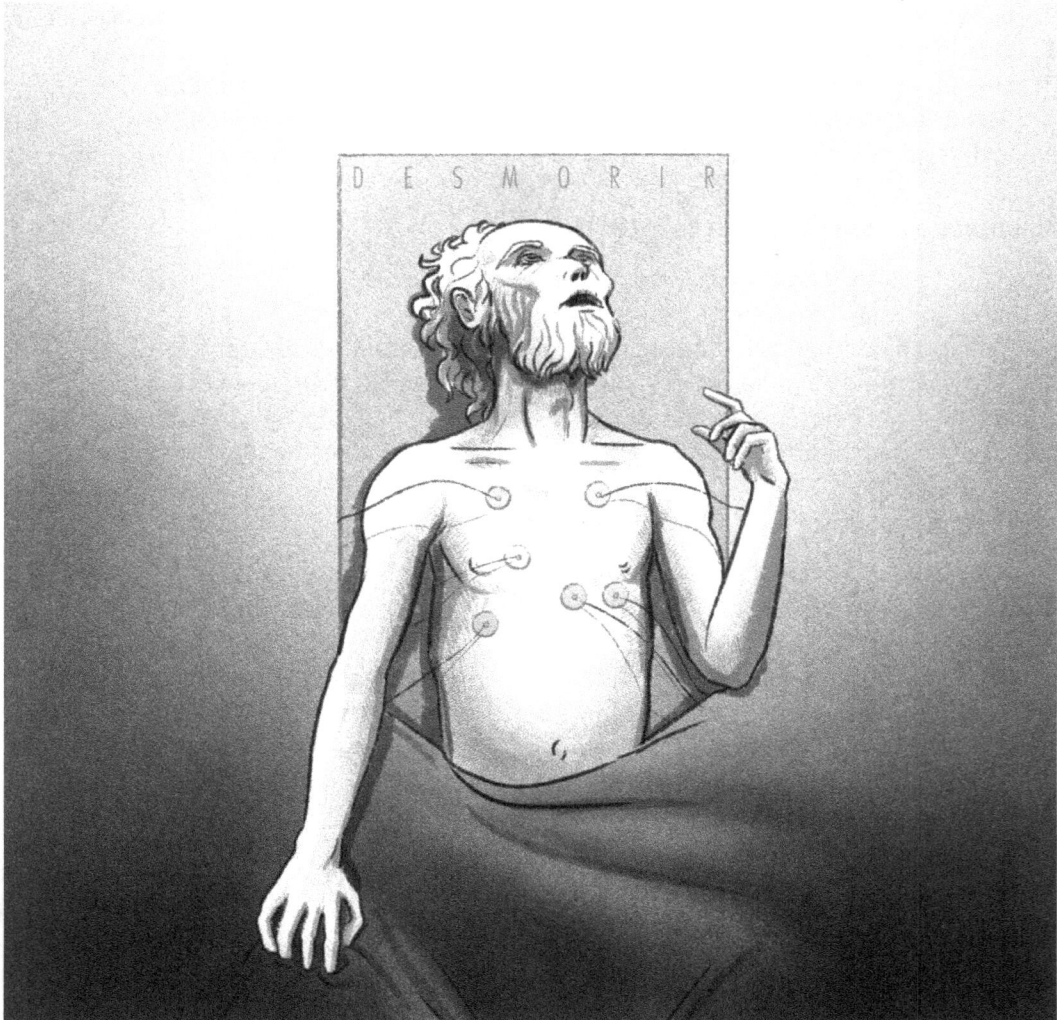

"Mis signos vitales estaban bien y los médicos me declararon vivo."

Cuando yo era viejo

Cuando yo era viejo, padecía demencia, una afección que, según dicen, resulta ser mucho más dura para los seres queridos que para el paciente **mismo**. Lamentablemente, los profesionales médicos no entienden qué ocasiona la demencia a pesar de haberla estudiado ya por muchas décadas y, por lo tanto, no hay cura todavía; el paciente, junto con sus seres queridos, simplemente tiene que aguantar y esperar a que se le alivie de forma natural, lo cual, en la mayoría de los casos, es un proceso **duradero**.

Cuando mi familia me **desenterró**, me llevaron del cementerio al hospital y fue ahí donde me **desmorí**. Mi corazón empezó a latir, mi sangre empezó a fluir por mis venas y abrí los ojos por primera vez. Mis signos vitales estaban bien y los médicos me declararon vivo. Al principio, todo parecía normal, pero los médicos no tardaron mucho en notar que algo estaba mal porque tan solo una hora después de que me presentaron a mis familiares, yo no los reconocía. Era como si nunca me los hubieran presentado. Es cuando los médicos les informaron a mis familiares que les quedaban muchos años muy duros por delante.

Mis hijos me decían, cuando aún estaban vivos, que, de viejo, yo no sabía ni quiénes eran ellos ni dónde estaba yo en cualquier momento. Tenían que volvérmelo a decir cada media hora. Aquellos tiempos eran los más **borrosos** para mí, los más oscuros. No los recuerdo; solo recuerdo las historias que mis familiares me contaban sobre aquella época. A medida que yo **enjuvenecía** y la mente se me **despejaba**, aprendí que, aunque casi todos padecen alguna que otra afección al desmorir, no todos los viejos padecen demencia, que la mayoría se desmuere **lúcida**. Cuando veo las fotos y videos míos de aquellos tiempos, no me reconozco. No es a quien veo ahora en el espejo, un joven lleno de vida con treinta años más por delante antes de **desnacer**. No me parezco nada a ese **demente**. Podrían ser fotos de cualquier otro **ruco arrugado** y **despeinado**. Mis hijos me decían que yo era un verdadero **cascarrabias** y que mis nietos me tenían miedo. Me da pena no poderme acordar de ellos. Es que desnacieron antes de que me viniera la lucidez. Mis hijos nunca me culparon y siempre me aseguraron que mis nietos recordaban cómo era ser viejos, pero, como no recuerdo yo mi propia **vejez**, es difícil creérselo.

Aunque el único en mi familia en padecer demencia al desmorir fui yo, mis hijos tuvieron sus propios retos en su vejez y, antes que ellos, mis nietos. Me dicen que mi hija, por ejemplo, se desmurió con cáncer metastásico del páncreas y mi hijo se desmurió con pulmonía. Así que, aunque se desmurieron lúcidos, los dos se desmurieron con mucho pero mucho dolor y, al igual que con la demencia, el único remedio fue **amortiguar** el dolor con medicamentos y esperar a que se les aliviara su enfermedad de forma natural. En el caso de mi hijo, tuvo que esperar un par de semanas para aliviarse de la pulmonía, pero mi hija pasó años sufriendo, aunque cada vez menos. Poquito a poco, su cáncer se reconcentró en su páncreas y las células cancerosas **se desreprodujeron** hasta que la última célula anormal **desmutó** y su oncóloga le diagnosticó buena salud.

Nadie es inmune al desmorir y, tristemente, no les toca a todos una vejez. Algunos desmueren de adolescentes y otros de bebés y desnacen pocos años después sin siquiera poder conocer a sus propios padres. Que alguien se desmuera demasiado joven sin suficientes años **restantes** para **presenciar** la desmuerte de sus padres es de lo más triste. Ningún padre, al ser declarado vivo, debe tener que enterarse de que sus hijos ya han desnacido. Así que, mamá, no te entristezcas, que todos tus dolores se te aliviarán antes de que te des cuenta y podrás disfrutar de buena salud por treinta años más antes de presenciar mi desnacimiento.

Vocabulario – "Cuando yo era viejo"

mismo/a (pospuesto al sustantivo) – *himself / herself*

desenterrar – *to dig up*

enjuvenecer – *???*

desnacer – *???*

arrugado/a – *wrinkled*

amortiguar – *to deaden*

restantes – *remaining*

el / la cascarrabias – *curmudgeon*

desmorir – *???*

despejar – *to clear*

demente – *mentally ill*

despeinado/a – *disheveled*

desreproducirse – *???*

presenciar – *to be present* (at)

duradero – *enduring*

borroso/a – *blurry*

lúcido/a – *lucid*

ruco/a (jerga) – *old*

la vejez – *old age*

desmutar – *???*

Comprensión – "Cuando yo era viejo"

1. ¿Cuántos años tiene el narrador?
2. ¿Qué afección médica tenía de viejo?
3. ¿Cuáles eran sus síntomas?
4. ¿Cómo afectaba a su familia?
5. ¿Cómo era de viejo?
6. ¿Cómo es ahora?
7. ¿Qué tenían sus hijos de viejos?
8. ¿Cómo se recuperaron todos?
9. ¿Cómo están sus hijos ahora?
10. ¿A quién le cuenta todo esto?

Análisis de contenido – "Cuando yo era viejo"

1. "Enjuvenecer", "desnacer", entre otras palabras nuevas en este relato, el autor las tuvo que acuñar (*to coin*). En términos generales, ¿para qué sirven las palabras que ya existen y bajo qué circunstancias es necesario inventar algunas nuevas?
2. ¿Te gustan las historias (películas, series de la tele, libros, etc.) que rompen los esquemas de la realidad? ¿Por qué (no)?
3. ¿Trata de acuñar cinco palabras nuevas poniéndoles un prefijo anormal?
4. ¿Qué querrías hacer con el resto de tu vida antes de desnacer si empezaras a descrecer? ¿Cómo cambiarían tus prioridades en la vida?

Análisis de gramática – "Cuando yo era viejo"

1. En términos de gramática, ¿cómo es posible que un autor invente una palabra nueva y se entienda perfectamente? ¿Qué características y elementos no inventados tienen estas palabras y cómo nos ayudan a entenderlas?

Autoexpresión – "Cuando yo era viejo"

¿Qué problemas inherentes se encuentran en cualquier historia que rompe las normas del tiempo? ¿Por qué es tan difícil comprender lo sucedido? ¿Crees que nuestras percepciones del tiempo son culturales o científicas? Escribe un ensayo explorando los problemas inherentes de contar una historia que no refleje nuestra realidad temporal.

Delgado

"Parecía mentira que ese no fuera el hostal correcto."

Delgado

Era marzo de 2015 y yo acababa de escribir mi primer libro y el manuscrito estaba en las manos de mi editora. Con ansias de ver completado el proyecto pero sin el poder de llevarlo a cabo en aquel momento, decidí ir de vacaciones para despejar la mente. Así que fui a buscar a una vieja amiga mía que había pasado ya más de un año y medio explorando Chiapas (México). Ella iba en dirección de Guatemala y yo quería interceptarla en Chetumal (México) y cruzar con ella en ferri a Cayo Caulker (Belice).

Empaqué en una mochila de tamaño mediano suficiente ropa para nueve días y, con mi pasaporte, tarjeta de débito y celu en mano, yo estaba listo. Tomé un vuelo baratísimo sin escalas de Denver a Cancún y todo salió bien. Cuando llegué, recogí mi mochila, pasé por la aduana y salí por la puerta al aire libre, donde los autobuses ADO estaban estacionados. Jamás olvidaré la ola de humedad y calor que me **azotó** cuando pasé del aire acondicionado. Empecé a sudar de inmediato, pero me daba igual porque el aire olía a aventura.

Era martes y yo no tenía ningún horario que cumplir con la excepción de llegar a Chetumal, la capital del estado de Quintana Roo, antes del anochecer el viernes que venía. Con todo el tiempo del mundo, **averigüé** los horarios de autobús y resultó que había un recorrido saliendo en una hora para el centro, así que había bastante tiempo para comprarme un boleto de ida y disfrutar de una **chela** bien fría mientras esperaba. Las vacaciones que tanto anhelaba habían comenzado.

Cuando llegó la hora de partida, había acabado ya con mi chela y estaba listo. Le mostré mi boleto al conductor, me subí al bus, me senté en mi asiento de pasillo y, con mi mochila en mi **regazo**, tomé una pastilla para no sentir mareo, o sea las náuseas, y me relajé sabiendo que pronto estaría explorando la ciudad de Cancún a pie. Aunque había explorado muchas partes de México, no conocía la Península de Yucatán. Y aunque ya había conocido a muchos personajes curiosos durante mis viajes por México, no podría haber sabido que estaba a punto de conocer al personaje más curioso de todos.

Al llegar al centro de Cancún, me bajé del bus que me había llevado desde el aeropuerto y, con mochila en mano, pregunté en la estación de autobuses por un buen hostal donde pudiera pasar la noche. Sin saber si querría pasar una noche en Cancún y dos noches en Playa del Carmen o al revés, no había reservado ninguna habitación. Como de costumbre mía, había decidido esperar hasta que llegara a que alguien local me dirigiera a un buen sitio. Sin problema, varios me ofrecieron unas cuantas opciones y me dirigí a pie en dirección al que más me interesaba, el que me ofrecería más tranquilidad. Caminé unos kilómetros cargando mi mochila, explorando la ciudad y prestando mucha atención a cada calle que seguí y cada esquina que doblé y, como el dicho en español, "preguntando se llega a Roma", así llegué al hostal donde iba a pasar al menos una noche.

Después de unos treinta minutos de andar explorando, por fin llegué a mi hostal y me registré sin dificultad. Me asignaron una cama y un **baúl** donde podría asegurar con **candado** mis pertenencias valiosas. Como no llevaba conmigo nada de valor, no me hacía falta el baúl. Así que simplemente me deshice de mi mochila y me eché a la calle a agarrar la onda y es cuando lo vi por primera vez. Él estaba sentado encima de un medio muro que quedaba por la banqueta delante de mi hostal. No me parecía estar ocupado. Tenía **pinta** de mexicano y pensé que a lo mejor era local y quizá podría dirigirme a un buen sitio donde pudiera comer algo y quizá conocer gente. Así que me acerqué a él, me disculpé y le pregunté si conocía un lugar animado. Me respondió que no era de Cancún, que era "chilango", lo cual significaba que era de la Ciudad de México. Me dijo que apenas había llegado y me preguntó si yo sabía en dónde quedaba su hostal que, según decían, debía estar ubicado justo enfrente del mío. Me disculpé diciendo que yo mismo acababa de llegar y que no conocía el área. "Delgado, a tus órdenes", me dijo a medida que me extendía la mano. "David, a las tuyas". "Exploremos juntos", me sugirió. "Órale, pues", le respondí.

Se suponía que "Delgado" era su apellido, no ningún mote, pero su nombre de pila nadie lo sabía excepto quizá su propia madre. Yo acababa de deshacerme de mi mochila en mi hostal delante del cual él y yo estábamos parados y él buscaba su propio hostal, que, según las indicaciones, debía quedar justo enfrente. Resultaba que él y yo habíamos tomado el mismo autobús del aeropuerto al centro de Cancún y que, efectivamente, habíamos caminado la misma ruta de la estación de autobuses ADO, yo habiendo procedido de Denver, Colorado, EE. UU. y él del D.F. (Distrito Federal), o sea de la Ciudad de México. Al conocernos, él con una misión y yo sin ningún rumbo fijo, cruzamos la calle en busca de su hostal. Justo enfrente, había un edificio enorme que parecía ser algún tipo de almacén porque no había ningún letrero que lo identificara. **Rodeando** el edificio, había un estacionamiento sin ningún carro estacionado. Eso para mí era una mala señal, la cual indicaba que, o estaba abandonado, o pasaban cosas ilícitas allí dentro. Anduvimos hacia el fondo del estacionamiento para **echar un vistazo** al otro lado del edificio y, cuando llegamos, una señorita, quien estaba ya soplando al aire el humo de su último toque de su cigarrillo, tirando la **colilla** al suelo, abrió la puerta y entró en el edificio. Oíamos música dentro y parecía que quizá ese hostal era el que andábamos buscando. Encima de la puerta, un letrero decía simplemente "Hostal". "A lo mejor sea aquí", Delgado me dijo especulando. "Echémosle un vistazo", le respondí.

Delgado abrió la puerta y entramos. Una vez adentro, preguntamos en la recepción si tenían su reservación y, cuando investigaron, nos dijeron que no había ninguna reservación a nombre de "Delgado". Confundido, Delgado les explicó que Raúl, un amigo suyo, había hecho la reservación por él y que a lo mejor se encontraba en el nombre ese, pero verificaron que tampoco había una reservación a nombre de Raúl. Resignado, Delgado les preguntó si conocían otro hostal cercano, insistiendo en que ese Raúl no se podría haber equivocado de lugar. Ellos simplemente se encogieron de hombros y se disculparon. Parecía mentira que ese no fuera el hostal correcto. Así que salimos desilusionados pero no vencidos y seguimos andando en busca del hostal suyo.

Parecía mentira que hubiera un hostal en el aquel estacionamiento que no fuera el hostal donde Raúl, el amigo de Delgado, le había reservado una cama para aquella noche. Insistiendo en que tenía que haber otro hostal en el mismo estacionamiento, por muy improbable que pareciera, Delgado no perdió la fe.

En el lado del edificio opuesto al que ya habíamos visto, el lado norte, si no me equivoco, vimos que había otro edificio igual de largo y nos animamos a investigar si contenía otro hostal igual de escondido, quizá el que buscábamos. A medida que nos acercábamos, vi que había un letrero colgando encima de una puerta a diez metros de la calle que habíamos cruzado desde el hostal mío. "Hostal", gritó Delgado. Por pura emoción de haberlo encontrado, como un par de niños habiendo encontrado un tesoro escondido, empezamos a correr hacia la puerta.

Entramos y vimos que había muchas personas, algunas sentadas en los sofás tomando una copa, otras sentadas a unas mesas en sillas de **mimbre** jugando a las cartas o a otro juego de mesa, y unas cuantas personas andando. "Este tiene que serlo", dijo Delgado con una sonrisa bien grande. Vimos que había un bar allí mismo en el primer piso y nos acercamos a la barra a preguntar por la recepción. "Es aquí mismo", respondió el barman. "Tú debes de ser Delgado. Raúl me dijo que ibas a llegar hoy. "Soy José" y estamos aquí para cualquier cosa que necesites. "Mucho gusto, y qué tal unos **traguitos**, para mí y para mi amigo David", respondió Delgado. "A tus órdenes, pero la casa te invita".

¿"La casa te invita"?, repetí en mi cabeza. "El hostal mío apenas me ofrece una cama en un cuarto compartido y un baúl para **resguardar** mis pertenencias, ¿y este hostal invita a sus huéspedes a unos tragos? Sin duda me he equivocado de sitio". Como había tanta energía positiva, decidí pasar el resto de la tarde —y la noche— allí y solo regresar a mi aburrido hostal cuando los **festejos** se acabaran. De lo que más tarde me enteraría fue de que ese hostal no invitaba a un trago a cualquiera de sus huéspedes que se acercara a la barra sino solo a sus huéspedes más, digamos, "importantes". Me enteraría de que Delgado no era un viajero cualquiera como yo, que ese andaba por muchas partes de México con una reputación que lo precedía. Y no podría haber previsto la oferta que me propondría antes de que partiera.

Delgado se tragó su **chupito**, pidió otros dos y, **arqueando una ceja**, me miró **de reojo** como para insistir en que yo también me tragara el mío. Yo casi no tomaba alcohol en esa época, pero había ido a México para divertirme y despejar la mente, así que cumplí con su petición. "Ufff, ¡qué fuerte!" comenté. Delgado se rio a carcajadas y me dio una palmada fuerte en la espalda. "Solo lo mejor para mis amigos, David". El barman nos sirvió nuestros segundos chupitos y, sin dudar, Delgado y yo nos los tragamos. Yo estaba bien agradecido de que el hostal también sirviera comida porque yo sabía que necesitaría comer de inmediato para así evitar la **borrachera** inminente que amenazaba, y con ese Delgado, no tardé mucho tiempo en darme cuenta de que yo iba a necesitar mantenerme alerta y con todas mis facultades el resto de la noche.

Delgado se levantó del **taburete** en el que estaba sentado y le preguntó al barman por su habitación para poder guardar su mochila. El barman llamó a una señorita a que ayudara a Delgado a encontrar su cuarto. Mientras tanto, yo ya estaba pidiendo algo de comer. Cuando Delgado regresó, ya había hecho algunos amigos. Bueno, **más bien**, tres amigas, y los cuatro se acercaron a la barra. Delgado ordenó una botella entera del mismo tequila que él y yo ya habíamos bebido. Como Delgado estaba ya bien ocupado con sus nuevas amigas, pensé que él se había desinteresado de mí. No sé cuántos chupitos Delgado había tomado al caer la noche, pero no estaba ebrio, aunque compartió botella tras botella con todos sus nuevos amigos. Ese güey era la verdadera alma de la fiesta.

Alrededor de las 22:00 horas, mientras yo terminaba una partida de ajedrez con un huésped menos **festejón**, Delgado se me acercó y me preguntó si yo me divertía y le dije que sí. Se sentó a mi lado y me preguntó a qué me dedicaba. Cuando le dije que era profesor de español y autor, me comentó que era por eso que yo hablaba tan bien español. Luego, me preguntó que qué tal me gustaría ganar 50 000 dólares por mes. Le respondí que jamás arriesgaría mi libertad por dinero, que no tenía ganas de terminar en una cárcel mexicana. Se rio y dijo que no me pasaría nada, que él tenía todo el negocio establecido. Me dijo que con mi español e inglés yo no tendría ningún problema. Le dije que se imaginara que me interesaba la oferta y luego le pregunté de qué se trataba su negocio. Es cuando agarró de su bolsillo un dispositivo pequeño y me lo mostró. Me preguntó que si yo sabía qué era y le dije que no. Me explicó que era un tipo nuevo de cigarro electrónico, que eran ilegales y que él mantenía decenas de empleados en diferentes regiones del país que movían el producto, pero que le faltaba quien ocupara el territorio de Michoacán, Colima, Jalisco y Nayarit, por la costa occidental. Repetí que no me interesaba trabajar en nada ilícito, pero él no estaba convencido. Me confesó que no había venido a Cancún para negociar, que realmente había planeado unas vacaciones con su novia, pero ella había roto con él hacía tres días. Me dijo que, en la mañana, él partiría en ferry para Holbox, donde tenía rentada una cabaña privada en la que él y yo podríamos hablar de todos los detalles. Le dije que ya tenía planes de salir para Playa del Carmen en la mañana y luego reunirme con una amiga en Chetumal aquel viernes. Por última vez, dije que él tendría que ir a Holbox sin mí, pero ese no **se rendía**. Me dijo que lo pensara un poco más, que esa oportunidad no volvería a presentárseme. Me dijo que si yo estaba esperándolo enfrente de mi hostal a las 10:00 de la mañana, significaba un sí, y si no, él me deseaba un buen viaje a Playa del Carmen. ¿A que no adivinas cuál rumbo escogí?

Vocabulario – "Delgado"

azotar – *to slam*

el regazo – *lap (legs)*

la pinta – *(the) look*

echar un vistazo – *to take a look*

la colilla – *cigarette butt*

el / la mimbre – *wicker*

arquear una ceja – *to arch one's eyebrow*

de reojo – *out of the corner of one's eye*

la borrachera – *drunkenness*

el festejón – *party animal*

averiguar – *to find out*

el baúl – *trunk / chest*

rodear – *to surround*

el traguito – *shot (drink)*

resguardar – *to keep safe*

el taburete – *(bar)stool*

rendirse – *to give up*

la chela – *beer (slang)*

el candado – *padlock*

el chupito – *shot (drink)*

los festejos – *festivities*

más bien – *rather*

Comprensión – "Delgado"

1. ¿Quién es el narrador?
2. ¿Adónde iba?
3. ¿Por qué iba allí?
4. ¿Quién es Delgado?
5. ¿Qué hizo con el narrador?
6. ¿Por qué no pagaba sus bebidas?
7. ¿Qué le propuso al narrador?
8. ¿Cómo reaccionó el narrador?
9. ¿Por qué reaccionó así?
10. ¿Cuál fue el acuerdo entre los dos?

Análisis de contenido – "Delgado"

1. ¿Qué rumbo crees que escogió el narrador?
2. ¿Crees que tomó la decisión correcta?
3. ¿Qué habrías hecho tú en su lugar?

Análisis de gramática – "Delgado"

1. ¿Qué tiempo verbal representa el pasado del presente?
2. ¿Qué tiempo verbal representa el presente del pasado?
3. ¿Qué tiempo verbal representa el futuro del pasado?
4. ¿Qué tiempo verbal representa el pasado del pasado?

Autoexpresión – "Delgado"

Imagínate que el narrador estaba esperando a Delgado enfrente de su hostal a las 10:00 de la mañana aquella mañana. Con una extensión mínima de cuatrocientas palabras, continúa la narración desde la perspectiva del narrador. Asegúrate de mantener los tiempos verbales apropiados del pasado.

El espejo miente

"Yo me quiero a mí misma."

El espejo miente

Espejo – ¡Qué gorda eres!

Yo – ¡Cállate de una vez!

Espejo – Nadie te quiere.

Yo – Yo me quiero **a mí misma**.

Espejo – No vales nada.

Yo – Valgo un montón y más.

Espejo – Eres estúpida.

Yo – Soy bastante inteligente para saber que eso no es cierto.

Espejo – Tú me das **asco**.

Yo – Tú tienes muy mal **gusto**.

Espejo – Tú eres fea.

Yo – Tú tienes **celos**.

Espejo – Tus amigos son más populares que tú.

Yo – Los espejos de mis amigos dicen lo mismo sobre ellos.

Espejo – ¡Eres una perdedora!

Yo – **Me gano la vida**.

Espejo – Tu **peinado** es absurdo.

Yo – Mi peinado es único.

Espejo – Tus colegas son más exitosos que tú.

Yo – ¿Según qué **medida**, **cabrón**?

Espejo – **Decepcionas** a tu familia.

Yo – Tú no conoces a mi familia.

Espejo – Nadie se acordará de ti cuando mueras.

Yo – Ah, ¿sí? ¿Desde hace cuándo **presientes** el **porvenir**?

Espejo – ¡Tienes **acné**!

Yo – **¿Qué más da?** Soy humana.

Espejo – Todos piensan que eres molestosa.

Yo – Solo tú lo piensas.

Espejo – ¡Tienes mal **aliento**!

Yo – Me cepillo los dientes delante de ti dos veces por día.

Espejo – ¡Qué gorda eres!

Yo – ¿Ya se te acabaron los insultos? Bien. Ahora, ¡CÁLLATE DE UNA VEZ!

Nadie –

Vocabulario – "El espejo miente"

a mí mismo/a – *myself*   **el gusto** – *taste (sense)*   **el asco** – *disgust*
los celos – *jealously*   **ganarse la vida** – *to earn a living*
el peinado – *hairstyle*   **la medida** – *measurement*   **presentir** – *to sense*
el cabrón / la cabrona – *jerk*   **decepcionar** – *to disappoint*   **el porvenir** – *the future*
el acné – *acne*   **¿Qué más da?** – *What difference does it make?*
el aliento – *breath*

Comprensión – "El espejo miente"

1. ¿Quiénes están dialogando?
2. ¿Cuáles son sus actitudes uno hacia otro?
3. ¿Es una conversación literal o una metáfora?

Análisis de contenido – "El espejo miente"

1.   ¿Te identificas con este diálogo? Yo sí, y mucho. Si tú también te puedes identificar con este diálogo, trata de explicar en qué sentido te identificas. No hay respuesta correcta.

Análisis de gramática – "El espejo miente"

1.   "Tener celos" ("Tú tienes celos") es una expresión común, al igual que "tener años", pero hablantes nativos de inglés tienen dificultades para usar esas expresiones porque el inglés prefiere la estructura "estar/ser" + adjetivo. No es decir que el español no tenga expresiones similares, por ejemplo: "estar celoso/a". Haz una lista de expresiones idiomáticas de "tener" + sustantivo y luego investiga si hay expresiones equivalentes con "estar/ser" + adjetivo. Empieza las listas por los ejemplos "tener celos" y "estar celoso/a".

Autoexpresión – "El espejo miente"

Todos tenemos conversaciones internas cuando nos vemos en el espejo. Lo importante es no dejar que sea un monólogo de negatividad. Por cada pensamiento negativo que tengamos ante el espejo, debemos tratar de contradecirlo en voz alta con una afirmación positiva. Si tienes ganas, escribe y practica un monólogo afirmando con amor propio tus puntos fuertes, que tú vales un montón y más.

Almas gemelas

"¿En mí reflejada te ves como si te estuvieras mirando en un espejo?"

Almas...

Desde siempre has sido tú
y desde siempre he sido yo.
Y aunque nos encontramos hace poco,
siento que te conozco a ti
al igual que me conozco a mí.

Me das la impresión de que
no sabes lo maravillosa y hermosa que eres
y me pregunto si será que tampoco sé
lo **maravillosa** y hermosa que soy.

Qué bonito pensamiento es.

¿Sientes lo mismo que yo?
¿En mí reflejada te ves como si te estuvieras mirando en un espejo?
¿Has visto en mí una familiaridad inexplicable
que no se refleje en los cuerpos que nosotras **habitamos**?

Por las ventanas del cuerpo mío,
te veo verme por las ventanas del tuyo.
Me pregunto si será que a mí
también me ves verte a ti.

Cuánto deseo que no se nos cierren nunca las cortinas.
Cuánto deseo que no **dejes** nunca **de** verme.
Cuánto deseo que no dejes nunca de dejarme verte.

... gemelas

Para siempre serás tú
y para siempre seré yo.
Y aunque nos descubrimos hace poco,
siempre te conoceré a ti
y siempre me conocerás a mí.

Me das la sensación de que
ves en mí lo **cariñosa** y **bondadosa** que soy
y me pregunto si será que también ves
lo **dichosa** pero nerviosa que estoy.

Qué vulnerable pensamiento es.

¿**Sueñas con** lo mismo que yo?
¿Conmigo volando te ves como si nos le olvidáramos al tiempo?
¿Has soñado con pasar lo eterno **junto a** mí
aunque envejezcan los cuerpos que nosotras habitamos?

Abro las puertas del cuerpo mío,
que a mí me da ganas del cuerpo tuyo.
Me pregunto si será que a ti
también te da ganas de mí.

Cuánto deseo que no se nos cierren nunca estas puertas.
Cuánto deseo que nunca dejes de desearme.
Cuánto deseo que desees que yo no deje de desearte.

Vocabulario – "Almas gemelas"

almas gemelas – *soulmates*   **maravilloso/a** – *wonderful*   **habitar** – *to inhabit*
preguntarse – *to wonder*   **ver a alguien hacer algo** – *to see someone do something*
dejar de + *inf*. – *to stop ___ing*   **dejar a alguien + *inf*.** – *to allow someone to ___*
cariñoso/a – *affectionate*   **bondadoso/a** – *kind*
(estar) dichoso/a – *happy*   **soñar (con)** – *to dream (about)*   **junto a** – *next to*

Comprensión – "Almas gemelas"

1. ¿Quién o quiénes narran estos poemas gemelos?
2. ¿A quién se refiere lo de "nosotras"?
3. ¿A qué puede referirse lo de "las ventanas del cuerpo"?
4. ¿A qué puede referirse lo de "las puertas del cuerpo"?

Análisis de contenido – "Almas gemelas"

1. ¿Has conocido a alguien así, que, desde los primeros momentos, sentías que había algo demasiado familiar y, a la vez, inexplicable en el otro individuo?
2. ¿Crees que existe el amor a primera vista?

Análisis de gramática – "Almas gemelas"

1. "… como si nos le olvidáramos al tiempo". ¿Quién/qué olvidó a quién/qué? Reescribe esta frase en voz activa, que quizá no significa lo que, al principio, piensas.
2. Con pocas excepciones, Ej. "tener años", si una cosa la puedes "tener" en español, aunque no sea física, algo o alguien te la puede "dar": Ej. "tengo ganas de algo" (quiero algo) y "me da ganas de algo". Haz una lista de expresiones idiomáticas de "tener" + sustantivo con un sujeto personal del verbo tener y luego haz una lista de las mismas expresiones, sustituyendo "dar" por "tener" y convirtiendo el sujeto personal en pronombre de complemento indirecto. Empieza las listas por los ejemplos "Yo tengo ganas (de un helado)" y "Me da ganas (de un helado)".

Autoexpresión – "Almas gemelas"

Escribe dos poemas pequeños en verso libre sobre dos almas gemelas, aunque no se traten de amor. Ni tú ni yo somos Pablo Neruda, así que disfruta del reto y no te preocupes del producto final.

Soñé que volaba

"... trascendía más allá del espacio y del tiempo."

Soñé que volaba

Anoche soñé que volaba. Y, antes de que me digas que qué **tópico**, que todos hemos tenido ese sueño, te aseguro que no fue así. No solo volaba por encima de la **faz** de la tierra como Superman, sino que también **trascendía** más allá del espacio y del tiempo. No me detenían las leyes de la física. Los ojos no me limitaban la vista. Los oídos y la lengua no me limitaban la comunicación a ningún idioma humano. Veía tierras escondidas, planetas desconocidos y galaxias remotas. Conocía épocas pasadas que ni siquiera los científicos más ilustres imaginaban.

Volaba con los cóndores del Perú y me confesaban los secretos de las líneas de Nazca. Volaba de cerca sobre el océano Pacífico y las ballenas me revelaban lo oculto de lo más profundo de sus aguas. Volaba sobre las tierras amazónicas y los **gusanos** me platicaban de la minúscula vida subterránea. Como si el tiempo se detuviera, yo exploraba los continentes terrestres sin prisa y te aseguro que todas las ciencias y todas las religiones del mundo solo han conseguido captar una décima parte, como mucho, de lo tanto que hay para saber y conocer.

El Tiempo me **cedía paso** y yo veía las formaciones de los continentes a lo largo de diferentes eras y yo era testigo de toda la flora y toda la fauna que habían existido. Yo me enteraba del origen verdadero de la vida que llamamos "terrestre" y se me autorizaba a revelar que no es nada terrestre. Me enteraba de todos los seres viajeros intergalácticos que han pasado por nuestro sistema solar durante más de cuatro mil millones de años. Veía formarse a nuestro planeta. Veía la llegada de la luna. ¡Qué impacto más espectacular! Veía incluso el violento nacimiento de nuestro sol.

El Tiempo me abría paso también al futuro. Yo veía cuánto afectaba el cambio climático y cómo los seres humanos se volvían locos por salvarse ante su inevitable destrucción. Veía cómo los más adinerados se abordaban a las naves en dirección a Marte. Veía cómo se escapaban **en vano** ya que traían consigo las mismas creencias que los habían metido en líos en la Tierra. Veía cómo la Tierra se sanaba después de la autodestrucción de los seres humanos. Veía cómo la luna se alejaba cada vez más hasta romper las cadenas de la fuerza de gravedad que la habían mantenido presa. Veía colisionar la luna contra Marte, una probabilidad menor de que una sola persona hubiera ganado la lotería mil veces. Veía pasar aún más seres viajeros intergalácticos y cómo, **por casualidad**, nunca coincidían con los seres humanos de la Tierra. Al ver, entre los **escombros**, la evidencia de nuestras civilizaciones, les entristecía que los seres humanos nos hubiéramos destruido, que los viajeros nos podrían haber ayudado a resolver nuestros problemas si nos hubieran descubierto tan solo un **centenar** de años antes. Qué tan simpáticos eran.

Yo veía expandir el espacio sideral, tal y como los científicos habían predicho, hasta que la Vía Láctea quedaba sin galaxias vecinas. Veía cómo moría el sol. Veía cómo, una por una, las estrellas existentes se apagaban y cómo no había suficientes **materias primas** para **dar a luz** a más estrellas nuevas. Veía apagarse las últimas luces en el universo. Qué frío me daba.

Habiendo visto al universo formarse y destruirse, yo me quedaba a solas con el Tiempo mismo. El Tiempo me relevaba todos los secretos de los demás universos paralelos. Yo me enteraba de que Zeus y los demás dioses del Olimpo; Vishnu, Brahma y Shiva; Dios Padre, Dios Hijo y Dios Espíritu Santo; y todos los demás dioses de todas las civilizaciones habían sido encarnaciones del Tiempo mismo. El Tiempo era Dios. Yo veía cómo el Tiempo siempre había existido, cómo el Tiempo creaba todo de la Nada y cómo el Tiempo regresaba todo a la Nada. Yo veía cómo el Tiempo era la Nada, cómo la Nada era Dios.

Vocabulario – "Soñé que volaba"

tópico/a – *cliché / trite*
trascender – *to transcend*
por casualidad – *by chance*
un centenar – *a hundred*
dar a luz – *to give birth*

la faz – *face*
ceder paso – *to yield*
los escombros – *rubble / debris*
las materias primas – *raw materials*

el gusano – *worm*
en vano – *in vain*

Comprensión – "Soñé que volaba"

1. ¿Quién narra este cuento, y a quién?
2. ¿Qué narra?
3. ¿Qué dice en cuanto a sus límites físicos?
4. ¿Qué secretos se le revelaban en el presente y cómo se le revelaban?
5. ¿Qué le hacía el Tiempo?
6. ¿Qué veía en los tiempos pasados?
7. ¿Qué pasaba con la humanidad en el futuro?
8. ¿Qué pasaba con el universo?
9. ¿Qué quedaba al final?
10. ¿Qué se descubría sobre el Tiempo?

Análisis de contenido – "Soñé que volaba"

1. ¿Has soñado alguna vez que volabas? ¿Qué pasaba?
2. ¿Crees que los sueños nos pueden revelar alguna verdad objetiva? ¿Revelan nuestros deseos más íntimos?
3. ¿Qué te imaginas que son los sueños? ¿Son simplemente una curiosidad biológica? ¿Son comunicaciones o conexiones psíquicas con otros seres? ¿Nos dan acceso a otros mundos y otras realidades con propiedades físicas diferentes?
4. En el segundo párrafo, el narrador usa el presente. ¿Por qué? Lo hace de nuevo en el párrafo siguiente: "es" y "han pasado". ¿Qué nos revela este uso del presente con respecto a las creencias del narrador?

Análisis de gramática – "Soñé que volaba"

1. Tal vez te has fijado en el uso del imperfecto en frases que, en una narración normal, saldrían quizá en otro tiempo verbal, tal como el pretérito. ¿Por qué crees que el autor utiliza el imperfecto así? ¿Qué efecto tiene?
2. Seguro que te has fijado en que, en este relato, se usan infinitivos después del verbo "ver", aunque hay un cambio de sujeto: "Yo veía expandir el universo". Los verbos de percepción permiten el cambio de sujeto aun con un infinitivo. ¿Cuáles son otros verbos de percepción así? Escribe un ejemplo con infinitivo para cada verbo.

Autoexpresión – "Soñé que volaba"

Narra tu sueño más raro, interesante o importante. Si no te acuerdas de tus sueños, explora tu lado creativo e imagínate que te acaba de tocar el sueño más raro de tu vida y se lo cuentas a un amigo o familiar el día siguiente. Empieza por: "Anoche soñé que…"

Lo bello del amor

"Lo podés regalar libremente, o sea, es tuyo para darle a quienquiera."

Lo bello del amor

Dra. Varela – A ver, don David, como Ud. ha escogido el tema para nuestra sesión **grupal** esta semana, ¿por qué no empieza Ud.? ¿Qué es lo bello del amor?

David – Emmm, lo bello del amor, digo yo, es que no necesitás permiso de nadie más para sentirlo. O sea, podés amar a quienes sean, aun sin que sepan. No es un regalo que haga falta ser recibido. Lo podés regalar libremente, **o sea**, es tuyo para darle a **quienquiera**.

Jeremías – ¿Y si le decís a alguien que lo amás y no responde diciendo que también te ama a vos?

Julián – ¿O qué tal si se lo decís y **se espanta** porque solo considera que sos un amigo y ahora has arruinado la amistad que tenían?

Dra. Varela – Un momentico. Igual que para todas nuestras sesiones grupales, tratemos de no interrumpir. Todos tendrán su turno para hablar. Doña Catrina, vi que Ud. **asentía con la cabeza** mientras don David hablaba. ¿Está de acuerdo con él?

Catrina – Sí, estoy de acuerdo con David en que esa otra persona no te puede quitar lo tuyo. O sea, el amor que sentís dentro es tuyo y, si la otra persona no siente amor, es problema suyo. Al menos es lo que creo yo.

Dra. Varela – Doña Rocío, gracias por levantar la mano. ¿Qué comentario tiene?

Rocío – Si le decís a alguien que lo amás y eso arruina la amistad, no sé si es una amistad que quieras mantener.

Dra. Varela – Esperen. No quiero que se nos pierda el hilo. En vez de discutir si merece la pena o no decirle a alguien que lo amamos, **centrémonos** en el tema que ha escogido don David: lo bello del amor. Don David, siga, por favor.

David – No, emmm, es que solo estaba diciendo que lo bello del amor, digo, del amor *puro*, no la versión sensacional que nos venden en las películas, es nuestro para regalar y no tenés que reservarlo para una pareja romántica.

Dra. Varela – Es interesante que Ud. diga "amor puro" porque no hemos definido si hay más de una clase de amor. ¿Don Julián, qué opina?

Julián – O sea, yo creo que sí. Por ejemplo, amo a mi hija, pero también amo a mi mujer. Son diferentes.

Dra. Varela – ¿Y cuál es la diferencia?

Julián – O sea, amo a las dos igual y quizás ese amor sea el "amor puro" del que David ha hablado, pero también tengo sentimientos románticos por mi mujer. Es que no sé. Quizá los sentimientos románticos no es el amor. Quizás, como lo dice David, es la versión sensacional de las películas.

Dra. Varela – ¿Doña Catrina? Parece que Ud. está de acuerdo.

Catrina – Sí, o sea, creo que el amor es el amor. Digo, que no hay diferentes clases de amor. Si es amor, es amor puro y ya. Cualquier otra cosa es exactamente eso: otra cosa.

Dra. Varela – Don Jeremías, gracias por levantar la mano. ¿Quisiera comentar algo?

Jeremías – Nomás quería comentar que, o sea, en mi experiencia, lo de decir "te amo" es donde hay confusión.

Rocío – Oye, la doctora ya nos dijo que nos centráramos en el tema de hoy.

Dra. Varela – Está bien, doña Rocío. Tal vez me haya equivocado. Tal vez merezca la pena hablar de lo que quiere decir cuando le decimos a alguien "**te quiero**" o "te amo". Tal vez lo decimos aunque lo que sentimos en el momento no sea el amor, o sea, el amor puro. Doña Catrina, ¿qué opina?

Catrina – Bueno, o sea, creo que decimos "te amo" cuando queremos decir "**me hacés falta**" o "no quiero perderte". No sé.

Dra. Varela – No, creo que Ud. tiene toda la razón. ¿Don Jeremías?

Jeremías – Emmm, sí. Este, creo que Catrina tiene razón y nomás quisiera **agregar** que a veces decimos "te amo", como dije antes, para que la otra persona nos diga a nosotros que nos ama. O sea, "te amo" puede significar "¿me amás?"

Dra. Varela – Y, doña Rocío, veo que está asintiendo con la cabeza. ¿Por qué cree Ud. que necesitamos que otras personas nos digan que nos aman?

Rocío – Pues creo que todos queremos saber que somos amados, ¿no?, especialmente amados por las personas que nosotros amamos.

Dra. Varela – Don David, ¿está de acuerdo? Cuando Ud. dijo lo del "amor puro", estaba pensando en todo esto?

David – Emmm, sí efectivamente. Las películas nos venden la idea de que el amor se trata de pasión física y otras cosas que no lo es y no es cierto. El amor es algo que sentís dentro, como ha comentado Catrina. El amor puro, o sea, el amor verdadero, no es necesidad, o sea, no pide nada. No es desesperación. No es miedo a estar solo. No son los nervios que sentís cuando alguien te atrae. No son ganas de tener sexo ni nada de eso. Y creo que demasiado a menudo se confunde así.

Dra. Varela – Qué curioso, ¿no? Se supone que todos sabemos lo que es el amor y, al final, aunque todos somos capaces de sentirlo y todos lo anhelamos, se nos dificulta definirlo. Lo que a todos nos hace falta **termina siendo** indefinible. ¿Don David?

David – Creo que es por eso que las relaciones románticas fallan. No sabemos ni siquiera qué es el amor, mucho menos cómo darlo y recibirlo.

Dra. Varela – Don David, como a Ud. le ha tocado esta vez el tema de la semana, antes de que tomemos nuestra pausa para tomar los **refrigerios**, ¿por qué no nos define el "amor puro" y al volver, podemos oír qué opinan los demás en cuanto a lo bello del amor.

David – El amor es el sentimiento más puro que hay. Carece de ego. Cuando amás a alguien, su bienestar es lo más importante. Querés más que nada que la persona que amás sea feliz, que se sienta segura y valorada, que se sienta entera sola, confiada en sí misma. Hasta morirías por darle todo eso, que así morís con amor en el corazón. Lo bello del amor es cómo te sentís cuando lo tenés, y el amor bendice a quien lo dé. Es el único regalo que podés dar sin perderlo. Lo das y lo das y aun así nunca se te acaba...

Vocabulario – "Lo bello del amor"

grupal – *group* (adj.)
quienquiera – *whoever*
centrarse – *to concentrate*
agregar – *to add*
los refrigerios – *refreshments*

espantarse – *to get scared*   **o sea** – *I mean*
asentir con la cabeza – *to nod one's head*
me hacés falta – *I need you*   **te quiero** – *I love you*
terminar + gerundio – *to end up ___ing*

Comprensión – "Lo bello del amor"

1. ¿Cuánta gente participa en esta conversación?
2. ¿Qué tipo de grupo es? O sea, ¿es un grupo profesional, personal o qué? ¿Cómo lo *sabés*?
3. ¿Quién guía la conversación?
4. ¿Cuál es el tema central de la conversación?
5. ¿Por qué es tan difícil hablar del tema central? ¿Qué obstáculos encuentran?

Análisis de contenido – "Lo bello del amor"

1. ¿Has conocido a alguien que te haya tratado de "vos"? ¿De dónde era?
2. ¿Has participado en conversaciones grupales, quizá en una clase académica, quizá en terapia, quizá en un estudio psicológico o médico?
3. ¿Cuál crees que es el propósito del grupo en este relato?

Análisis de gramática – "Lo bello del amor"

1. ¿Has notado el uso de "vos" en vez de "tú"? Es otra versión de segunda persona singular familiar. ¿Cuáles conjugaciones de vos ves en este relato? *Hacé* una lista.
2. Las conjugaciones de "vos" estándar son iguales que las conjugaciones de "tú" con la excepción del presente del indicativo y de los mandatos afirmativos. Por si no te has dado cuenta, "vosotros" es "vos + otros". Aunque la gente que utiliza "vos" no utiliza "vosotros" y viceversa, las formas verbales comparten orígenes morfológicos. ¿Cómo difiere el deletreo de las conjugaciones de "vos" y "vosotros" en el presente del indicativo? *Tomá* en cuenta las terminaciones: *-ar, -er, -ir*.
3. ¿Cómo se difiere el deletreo de las conjugaciones de "vos" y "vosotros" en el imperativo (mandatos) de forma afirmativa? De nuevo, *tomá* en cuenta las terminaciones: *-ar, -er, -ir*.

Autoexpresión – "Lo bello del amor"

¿Cómo *definís* vos el amor? ¿Cómo *definís* vos el autoamor, o sea, el amor propio? ¿Es el amor propio igual que el amor por otra persona? Una vez que hayas definido el amor, *escribí* un párrafo o dos, o incluso un poema o canción sobre lo bello del amor.

Una carta de agradecimiento

"Gracias. De corazón, gracias."

Una carta de agradecimiento

Querida Vida:

Gracias. De corazón, gracias. Gracias por el calor del verano, que me motiva a salir a hacer deporte, que me inspira a viajar a otras partes, que me da ganas de disfrutar de la naturaleza. Gracias por el frío del invierno, que me invita a **acurrucarme** con quienes me aman. Gracias por la luz del sol, por el viento, por **el relámpago**, que me **recuerdan** que la naturaleza es **poderosa** y que mi **estancia** aquí en la Tierra es temporal. Gracias por los despejados cielos nocturnos del otoño, que me obligan a contemplar lo infinito y lo eterno. Gracias por el amor, que me rellena el corazón hasta **rebasar** su capacidad.

Gracias. De corazón, gracias. Gracias por las rosas y las **espinas** de sus **tallos**, que me enseñan que, en ciertas situaciones delicadas, más vale mirar que tocar. Gracias por la música, que hace bailar mi alma. Gracias por el miedo, que me aconseja pensar dos veces antes de lanzarme. Gracias por la **valentía**, que me anima a lanzarme con miedo. Gracias por las puestas del sol, que me hacen querer poder **frenar** el tiempo. Gracias por las salidas del sol, que me recuerdan que el paso del tiempo trae nuevas experiencias bellas.

Gracias. De corazón, gracias. Gracias por las lecciones que me enseñas, a pesar de lo mucho que me duela aprenderlas. Gracias por **los altibajos** que me **brindas**, que, por los bajos, **consigo** reconocer y **gozar** los altos. Gracias por los amigos y **amantes** que mandas a cruzarse en mi camino, que ellos son mis mejores maestros. Gracias por mi familia, que ellos me **rescatan** cuando me encuentro **a la deriva**. Gracias por el silencio, que me comunica más que la **bulla**.

Gracias. De corazón, gracias. Gracias por la **vista**, que me permite **apreciar** los **paisajes** y **retratos** que pintas; por el **gusto**, que me permite saborear los frutos que cultivas; por el **tacto**, que me permite sentir una mano ajena en la mía; por el **oído**, que me permite reconocer mi propio nombre; por el **olfato**, que insiste en llevarme a visitar el pasado; por la mente, que me permite dar las gracias. Gracias. De corazón, gracias. Para siempre, gracias.

Vocabulario – "Una carta de agradecimiento"

acurrucarse – *to snuggle up*
poderoso/a – *powerful*
la espina – *thorn*
frenar – *to apply the brakes*
brindar – *to offer*
gozar – *to enjoy*
la bulla – *chatter / noise from lots of people talking all at once*
a la deriva – *adrift*
el paisaje – *landscape*
el oído – *hearing* (*sense*)

el relámpago – *lightning*
la estancia – *stay*
el tallo – *stem / stalk*
los altibajos – *highs and lows / ups and downs*
conseguir + inf. – *to be able to ___ / to manage to ___*
el / la amante – *lover*
la vista – *sight* (*sense*)
el retrato – *portrait*
el olfato – *smell* (*sense*)

recordar – *to remind*
rebasar – *to exceed*
la valentía – *bravery*

rescatar – *to rescue*

apreciar – *to cherish*
el tacto – *touch* (*sense*)

Comprensión – "Una carta de agradecimiento"

1. ¿Por qué fenómenos atmosféricos da gracias?
2. ¿Por qué cosas da gracias en el segundo párrafo?
3. ¿Por qué cosas da gracias en el tercer párrafo?
4. ¿Cuáles son los cinco sentidos corporales que menciona el/la autor/a de esta carta?
5. Según el último párrafo, ¿qué permite que se dé las gracias?

Análisis de contenido – "Una carta de agradecimiento"

1. ¿Tiene sentido dar las gracias por cosas opuestas: el calor y el frío; el miedo y la valentía; los altos y los bajos? Explícate.
2. De todas las cosas por las cuales el/la autor/a de esta carta está agradecido/a, ¿cuáles resuenan más contigo? ¿Por qué crees que resuenan tanto contigo?

Análisis de gramática – "Una carta de agradecimiento"

1. Los verbos de percepción permiten que se use el infinitivo aunque el sujeto no se mantiene –se ven muchos ejemplos en el Relato 19–, pero no son los únicos verbos que permiten que se use el infinitivo así. Haz una lista de los ejemplos que se encuentran en este relato.

Autoexpresión – "Una carta de agradecimiento"

Para evitar que el odio y los rencores nos consuman vivos, tenemos que dar las gracias. La vida es bella si nos fijamos en lo bello, pero es fea si nos fijamos en lo feo. Fijémonos en lo bello, ¿vale? Si estás conmigo en esto, escribe una carta de agradecimiento a la vida, y cada día que te toque la buena fortuna de despertarte, acuérdate de dar las gracias a la Vida, a Dios, al Universo, a la Luz, a tus amigos, a tus amantes, a tu familia.

Glosario de vocabulario

A

a diferencia de – *unlike* – Relato 9

a la deriva – *adrift* – Relato 21

a la larga – *in the long run* – Relato 13

a la vez – *at the same time* – Relato 13

a mí mismo/a – *myself* – Relato 17

a medida que – *as* – Relato 12

a pesar de – *in spite of* – Relato 3

a solas – *alone* – Relato 4

acariciar – *to caress* – Relato 10

acechar – *to stalk / spy on* – Relato 4

acercarse – *to approach* – Relato 1

acertar – *to guess right* – Relato 3

el acné – *acne* – Relato 17

el acortamiento – *shortening* – Relato 3

el acta de nacimiento (*femenino*) – *birth certificate* – Relato 14

actual – *current* – Relato 9

acudir – *to show up* – Relato 14

acurrucarse – *to snuggle up* – Relato 21

adivinar – *to guess* – Relato 5

el agradecimiento – *gratitude* – Relato 4

agregar – *to add* – Relato 20

aguantar el aliento – *to hold one's breath* – Relato 1

ajeno/a – *other people's* – Relato 9

al igual que – *just like* – Relato 9

al pie de la letra – *by the book* – Relato 13

al revés – *the other way around* – Relato 14

la aldea – *village / town* – Relato 4

el alguacil – *bailiff* – Relato 12

alguno que otro… – *a … here and there* – Relato 13

el aliento – *breath* – Relato 17

almas gemelas – *soulmates* – Relato 18

los altibajos – *highs and lows / ups and downs* – Relato 21

el / la amante – *lover* – Relato 21

amargarse – *to become bitter* – Relato 13

amortiguar – *to deaden* – Relato 15

anda – *wow* – Relato 11

la anguila – *eel* – Relato 14

angustiarse – *to anguish* – Relato 13

anhelar – *to long for* – Relato 10
antibala – *bulletproof* – Relato 12
apá – *dad* (papá) – Relato 3
apoderarse – *to take control* – Relato 8
apreciar – *to cherish* – Relato 21
arder – *to burn* – Relato 4
arquear una ceja – *to arch one's eyebrow* – Relato 16
arraigado/a – *rooted* – Relato 6
arrojar – *to chuck / throw* – Relato 2
arrugado/a – *wrinkled* – Relato 15
la ascendencia – *ancestry* – Relato 13
el asco – *disgust* – Relato 17
asear – *to clean / tidy* – Relato 9
asegurado/a – *locked* – Relato 12
asentir con la cabeza – *to nod one's head* – Relato 20
asimismo – *also* – Relato 3
atar – *to tie* (up/down) – Relato 12
atreverse a – *to dare to* – Relato 2
aventurero/a – *adventurous* – Relato 4
averiguar – *to find out* – Relato 16
azotar – *to slam* – Relato 16
el azufre – *sulfur* – Relato 14

B
el baúl – *trunk / chest* – Relato 16
benéfico/a – *beneficial* – Relato 8
el bombero – *firefighter* – Relato 1
la bondad – *kindness* – Relato 12
bondadoso/a – *kind* – Relato 18
boquiabierto/a – *aghast* – Relato 12
la borrachera – *drunkenness* – Relato 16
borroso/a – *blurry* – Relato 15
brindar – *to offer* – Relato 21
buen provecho – *bon appetit* – Relato 9
la bulla – *chatter / noise from lots of people talking all at once* – Relato 21

C
el caballito del diablo – *damselfly* – Relato 5
el cabrón / la cabrona – *jerk* – Relato 17
¿Cada cuánto? – *How often?* – Relato 11
calvo/a – *bald* – Relato 8
el candado – *padlock* – Relato 16

caníbal – *cannibal* – Relato 5

carecer (de) – *to be lacking* – Relato 13

cariñoso/a – *affectionate* – Relato 18

el cascarón – *eggshell* – Relato 5

el / la cascarrabias – *curmudgeon* – Relato 15

cazar – *to hunt* – Relato 5

ceder paso – *to yield* – Relato 19

la cerilla – *match* – Relato 4

un centenar – *a hundred* – Relato 19

centrarse – *to concentrate* – Relato 20

los celos – *jealously* – Relato 17

chantajear – *to blackmail* – Relato 12

los chavos – *kids* – Relato 2

la chela – *beer* (*slang*) – Relato 16

el chupito – *shot* (*drink*)– Relato 16

el cohete – *rocket* – Relato 8

colapsarse – *to collapse* – Relato 1

el cole(gio) – *primary school* – Relato 5

la colilla – *cigarette butt* – Relato 16

concebir – *to conceive* – Relato 13

congraciarse (con) – *to ingratiate oneself* (*with*) – Relato 13

conseguir + *inf.* – *to be able to ___ / to manage to ___* – Relato 21

constar de – *to consist of* – Relato 11

contar (con) – *to count* (*on*) – Relato 14

el cuerno – *horn (animal)* – Relato 6

culpar – *to blame* – Relato 8

D

dar la talla – to measure up – Relato 2

dar a luz – *to give birth* – Relato 19

de parte (de) – *on behalf* (*of*) – Relato 13

de reojo – *out of the corner of one's eye* – Relato 16

decenas – *tens* (like "dozens") – Relato 1

decepcionar – *to disappoint* – Relato 17

dejar a alguien + *inf.* – *to allow someone to ___* – Relato 18

dejar de + *inf.* – *to stop ___ing* – Relato 18

dejarse llevar – *to get carried away* – Relato 8

demente – *mentally ill* – Relato 15

derretir – *to melt* – Relato 10

descartar – *to discard* – Relato 13

descremada – *skim* (milk) – Relato 9

desenterrar – *to dig up* – Relato 15

deshonrar – *to dishonor* – Relato 2
desilusionar – *to disappoint* – Relato 2
desmayarse – *to faint* – Relato 12
desmentir – *to dispel / deny* – Relato 5
desmorir – *???* – Relato 15
desmutar – *???* – Relato 15
desnacer – *???* – Relato 15
el despacho – *office* – Relato 4
despeinado/a – *disheveled* – Relato 15
despejar – *to clear* – Relato 15
desreproducirse – *???* – Relato 15
desvanecerse – *to fade away* – Relato 9
desvelado/a – *sleepless* – Relato 2
desviar la vista – *to look away* – Relato 10
el diablo – *the devil* – Relato 6
la diabólica – *diabolics* – Relato 6
la diabología – *diabology* – Relato 6
(estar) dichoso/a – *happy* – Relato 18
la dirección – *principal's office* – Relato 2
divulgar – *to divulge / publicize* – Relato 5
el doctorado – *doctorate* – Relato 6
duradero – *enduring* – Relato 15

E
echar un ojo – *to take a look* – Relato 12
echar un vistazo – *to take a look* – Relato 16
en caída libre – *in free fall* – Relato 10
en cambio – however – Relato 8
en espera de – *hoping for / waiting for* – Relato 1
en vano – *in vain* – Relato 19
enjuvenecer – *???* – Relato 15
enloquecer – *to drive (someone) crazy* – Relato 10
la entomología – *entomology* – Relato 5
la escapada – *escapade* – Relato 4
los escombros – *rubble / debris* – Relato 19
esfumarse – *to vanish* – Relato 10
espantarse – *to get scared* – Relato 20
la espina – *thorn* – Relato 21
estafar – *to swindle* – Relato 12
la estancia – *stay* – Relato 21
estelar – *stellar* – Relato 8
la eutanasia – *euthanasia* – Relato 13

F
la faz – *face* – Relato 19
el festejón – *party animal* – Relato 16
los festejos – *festivities* – Relato 16
fidedigno/a – *reliable* – Relato 13
el/la fiera – *go-getter* – Relato 14
figurar – *to be counted* – Relato 13
la fiscala – *prosecutor* – Relato 12
fomentar – *to Foster* – Relato 14
los fondos – *funds* – Relato 13
la formación – *education* – Relato 5
fortalecer – *to strengthen* – Relato 10
frenar – *to apply the brakes* – Relato 21
fundar – *to found* – Relato 2

G
ganarse la vida – *to earn a living* – Relato 17
gentil – *gentle* – Relato 3
gentilicio/a – *pertaining to a specific people or country* – Relato 3
gozar – *to enjoy* – Relato 21
grupal – *group* (adj.) – Relato 20
el güey – *dude* – Relato 3
el gusano – *worm* – Relato 19
el gusto – *taste* (*sense*) – Relato 17

H
habitar – *to inhabit* – Relato 18
he allí – *therein lies* – Relato 3
hechizar – *to bewitch / charm* – Relato 13
hembra – *female* – Relato 5
heredar – *to inherit* – Relato 9
la horca – *pitchfork* – Relato 6
la honra – *honor* – Relato 2
honrar – *to honor* – Relato 2

I
el incienso – *incense* – Relato 4
inculcar – *to instill* – Relato 14
indefenso/a – *defenseless* – Relato 10
la índole – *nature* – Relato 13
el infierno – *hell* – Relato 6
la ira – *ire* – Relato 8

J
el jaque – *check* (chess) – Relato 13
jubilado/a – *retired* – Relato 14
el juego (de) – *set* (*of*) – Relato 14
la jueza – *judge* – Relato 12
junto a – *next to* – Relato 18
el jurado – *jury* – Relato 12

L
lamentable – *regrettable* – Relato 8
los lazos – *ties* – Relato 13
lejano/a – *far-away* – Relato 5
el letrero – *sign* (with words) – Relato 9
ligeramente – *lightly* – Relato 12
lúcido/a – *lucid* – Relato 15

M
macho – *male* – Relato 5
Mande – *Tell me what you would like me to do* – Relato 2
¿Mande? – *I'm sorry, what did you say?* – Relato 2
manosear – *to handle / paw* – Relato 4
maravilloso/a – *wonderful* – Relato 18
más allá de – *beyond* – Relato 8
más bien – *rather* – Relato 16
las materias primas – raw materials – Relato 19
me hacés falta – *I need you* – Relato 20
la medida – *measurement* – Relato 17
la metralla – *shrapnel* – Relato 12
mientras tanto – *meanwhile* – Relato 13
el / la mimbre – *wicker* – Relato 16
mismísimo/a – *(the) very same* – Relato 3
mismo/a (pospuesto al sustantivo) – *himself / herself* – Relato 15
moribundo/a – *dying* – Relato 13

N
natal – *native / home* – Relato 5
la neta – *the truth* – Relato 2
la ninfa – *nymph / larva* – Relato 5
no había marcha atrás – *there was no going back* – Relato 8
no queda más remedio que – *there's nothing left to do but* – Relato 1
la norma – *norm / rule* – Relato 2
novedoso/a – *novel* – Relato 3

O

o sea – *I mean* – Relato 20
la ola – *wave* – Relato 12
el olfato – *smell* (*sense*) – Relato 21
el oído – *hearing* (*sense*) – Relato 21
la ornitología – *ornithology* – Relato 4

P

el paisaje – *landscape* – Relato 21
la paradoja – *paradox* – Relato 8
la pata – *foot and leg (animal)* – Relato 6
el pecado – *sin* – Relato 13
el peinado – *hairstyle* – Relato 17
pegajoso/a – *sticky* – Relato 5
pellizcar – *to pinch* – Relato 10
peludo/a – *hairy* – Relato 8
percatarse – *to notice* – Relato 6
percibir – *to perceive* – Relato 10
perjudicar – *to harm* – Relato 6
permanecer – *to stay / remain* – Relato 1
las pertenencias – *belongings* – Relato 4
la piedad – *pity* – Relato 13
la pinta – (*the*) *look* – Relato 16
playero/a – *beach* (adj.) – Relato 4
poderoso/a – *powerful* – Relato 21
podrido/a – *rotten* – Relato 14
por – *times* (8x2=16) – Relato 11
por casualidad – *by chance* – Relato 19
el porqué – *the reason why* – Relato 3
el porvenir – *the future* – Relato 17
preguntarse – *to wonder* – Relato 18
el presagio – *sign / omen* – Relato 2
presenciar – *to be present* (*at*) – Relato 15
presentir – *to sense* – Relato 17
privar – *to deprive* – Relato 13
pudrirse – *to rot* – Relato 13

Q

¿Qué más da? – *What difference does it make?* – Relato 17
querer decir – *to mean* – Relato 11
la quiebra – *bankruptcy* – Relato 12
quienquiera – *whoever* – Relato 20

R
la rabia – rage – Relato 8
el rabo – *tail (animal)* – Relato 6
el rasgo – *feature / trait* – Relato 4
rebasar – *to exceed* – Relato 21
rebuscar – *to rummage* – Relato 13
rechazado/a – *rejected* – Relato 6
recordar – *to remind* – Relato 21
el recorrido – *trip / route* – Relato 1
recurrir (a) – *to resort* (*to*) – Relato 13
los refrigerios – *refreshments* – Relato 20
el regazo – *lap* (*legs*) – Relato 16
el rehén – *hostage* – Relato 12
el relámpago – *lightning* – Relato 21
el remordimiento – *remorse* – Relato 13
rendir cuentas – *to account for* – Relato 2
rendirse – *to give up* – Relato 16
repleto/a – *replete / full* – Relato 9
replicar – *to talk back* – Relato 14
rescatar – *to rescue* – Relato 21
resguardar – *to keep safe* – Relato 16
restantes – *remaining* – Relato 15
el retrato – *portrait* – Relato 21
rodear – *to surround* – Relato 16
el rostro – *face* – Relato 4
ruco/a (jerga) – *old* – Relato 15
el rumbo – *direction* – Relato 1

S
sanar – *to heal* – Relato 10
las siglas – *initials* – Relato 13
solicitar – *to apply (for)* – Relato 9
soñar (**con**) – *to dream* (*about*) – Relato 18
su señoría – *Your Honor* – Relato 12
la sucursal – *branch* – Relato 13
sujetar – *to hold* – Relato 10
sumar – *to add* (sum) – Relato 11
suspirar – *to sigh* – Relato 1
susurrar – *to whisper* – Relato 10

T

el taburete – (*bar*)*stool* – Relato 16
el tacto – *touch* (*sense*) – Relato 21
el tallo – *stem / stalk* – Relato 21
te quiero – *I love you* – Relato 20
la telaraña – *spiderweb* – Relato 5
el telón – *stage curtain* – Relato 6
temblar – *to tremble* – Relato 10
tender una trampa – *to set a trap / to frame (someone)* – Relato 12
terminar + *gerundio* – *to end up ___ing* – Relato 20
el testigo – *witness* – Relato 12
tocar fondo – *to hit rock bottom* – Relato 10
las tonterías – *silliness* – Relato 8
tópico/a – *cliché / trite* – Relato 19
topónimo – *any proper noun for a geographical region* – Relato 3
el traguito – *shot* (*drink*) – Relato 16
trascender – *to transcend* – Relato 19
trasladar – *to transport* – Relato 1

U

un cualquiera – *just anybody* – Relato 9

V

la valentía – *bravery* – Relato 21
la vejez – *old age* – Relato 15
venerado/a – *revered* – Relato 3
ver a alguien hacer algo – *to see someone do something* – Relato 18
veraniego/a – *summer* (adj.) – Relato 4
la vergüenza – *shame* – Relato 13
la vista – *sight* (*sense*) – Relato 21
viuda/o – *widow/er* – Relato 9
el viudo – *widower* – Relato 1

Y

y cito – *and I quote* – Relato 12
yacer – *to be lying down* – Relato 6

Z

zurdo/a – *left-handed* – Relato 13

Apuntes

Apuntes

Apuntes

Apuntes

Apuntes

About the Author

Photo by Bridget Bergmann

David Faulkner holds bachelor's and master's degrees in Spanish, with an emphasis in teaching, and has taught Spanish in every grade from fourth to the university level. He is passionate about the fundamentals of language, as well as interpersonal communication and personal expression, particularly where their practical application has a positive impact on people's lives.

Faulkner opened up about his childhood in his memoir, *Superheroes* (2015), and has since shifted his focus back to his true calling: teaching Spanish and inspiring others to practice it in their daily lives.

Faulkner enjoys spending time with his family, public speaking, traveling the world, and staying active. He is an idealist and a relentless dreamer, reveling in the happiness of pursuit. The *Al fin y al cabo* Spanish series is the follow-up to the *De cabo a rabo* Spanish series.

To schedule David Faulkner for a curriculum presentation to see how his Spanish guides could benefit your language program, or to hire him for private lessons or as a guest teacher at your school, please contact him through DavidFaulknerBooks.com. For additional curriculum support, visit SpanishfortheLoveofIt.com.

Spanish for the Love of It

Flashforward
Publishing